Peter Rosien (Hg.)

Mein Cred

Persönliche Glauben kenntnisse,
Kommentare und Informationen

W0408823

Impressum

Peter Rosien (Hg.)
Mein Credo

Titelabbildung: Caravaggio »Die Kreuztragung« (Ausschnitt)
Druck: Druckhaus Bayreuth
© Oktober 1999 by Publik-Forum
Verlagsgesellschaft mbH
Postfach 2010
61410 Oberursel
ISBN: 3-88095-098-9

Inhalt

Zeichen des Priestertums aller Glaubenden

VON HANS KÜNG

Eine wahre Freude ist es zu sehen, welche Ausmaße das Credo-Projekt in kürzester Zeit angenommen hat: wie viele Zehntausende sich für eine zeitgemäße Neuinterpretation des christlichen Credos interessieren und wie viele Hunderttausende sie jetzt durch Multiplikatoren zur Kenntnis nehmen können.

Etwas Besseres hätte meinem Credo-Buch, das ausgehend von sechs Gemälden genialer Künstler die traditionellen zwölf Glaubensartikel zu erklären versucht, nicht zustoßen können: daß es nicht nur gelesen und diskutiert, sondern jetzt katechismusartig zusammengefaßt und von rund tausend Männern und Frauen aus den verschiedensten Berufssparten als Anregung für eine eigene Formulierung ihres Glaubens benützt wird.

Von Herzen danke ich

– zuerst dem Gymnasiallehrer Jean-Louis Gindt: Er hatte die Idee der Zusammenfassung meines »Credo« und hat mit sicherer Hand die Texte ausgesucht und zusammengestellt;

– dann der Redaktion und Verlagsleitung von Publik-Forum: Sie haben meine Anregung freudig aufgenommen, eine von mir durchgesehene und erweiterte Fassung in ihrer, unserer Zeitschrift zu veröffentlichen, und sie haben die Leser und Leserinnen zu einer eigenen Formulierung des Glaubens aufgefordert;

– vor allem den vielen Hunderten: Sie haben sich von meiner Interpretation des Apostolikums anregen lassen und sich ernsthaft um eine eigene Formulierung ihres Christenglaubens gemüht;

– schließlich dem zuständigen Redakteur Peter Rosien: Er hat keine Arbeit gescheut, um die über tausend persönlichen Credos in mehreren Durchgängen zu sichten und zu ordnen.

Das seit dem 5. Jahrhundert vorliegende »Symbolum Apostolorum« geht zweifellos nicht auf die Apostel zurück, ist aber von der apostolischen Botschaft inspiriert. Es handelt sich um eine einfach erzählende Zusammenfassung des christlichen Glaubens, die bis heute im Gottesdienst der katholischen Kirche wie der Kirchen der Reformation rezitiert wird. Ein ökumenisches Glaubensbekenntnis also. Meine Interpretation sollte dazu verhelfen, daß man es auch im dritten christlichen Jahrtausend redlich und verständig mitbeten kann. Zugleich sollte diese Interpretation anregen, über die grundlegenden Fragen unseres Glaubens neu nachzudenken und durchaus auch neue Antworten zu formulieren. Ich selber habe im Gottesdienst zusammen mit dem Apostolikum immer wieder auch andere Glaubensbekenntnisse benützt, die aufhorchen und nachdenken ließen, getreu dem Jesuswort »Wenn ihr betet, so plappert nicht wie die Heiden ...« Ich bin überzeugt, daß sich das eine oder andere Glaubensbekenntnis in diesem Buch durchaus auch im Gottesdienst benützen läßt - Ausdruck des Priestertums aller Glaubenden, wo dem Apostel Paulus zufolge jeder und jede im Gottesdienst etwas beitragen soll. Für mich selber habe ich das christliche Credo einmal auf diese knappe Formel gebracht:

In der Nachfolge Jesu Christi
kann der Mensch in der Welt von heute
wahrhaft menschlich leben,
handeln, leiden und sterben:
in Glück und Unglück, Leben und Tod
gehalten von Gott und hilfreich den Menschen.

Diese bekannte Kurzformel des christlichen Glaubens wird manchen Leser meiner Bücher daran erinnern, daß sich alle Aussagen meines Credo-Buches schon in den Büchern »Die Kirche« (1967), »Christ sein« (1974) und »Existiert Gott?« (1978) breit begründet und entfaltet finden. Nur mit Wehmut kann ich es, jetzt fünf Jahrzehnte im Dienste meiner Kirche stehend, sagen: Wie sehr viel besser stände es doch um diese in eine tiefe Krise geratene Verkündigung der katholischen Kirche - wahrhaftig nicht nur des deutschen Sprachraums -, wenn man das in diesen Büchern lang und breit von der Bibel und der großen christlichen Tradition her begründete und konkretisierte Angebot zur Erneuerung der kirchlichen Verkündigung angenommen hätte - statt den Autor dieser Bücher ohne ernsthafte Untersuchung und rechtmäßiges Verfahren zu diskreditieren und diffamieren, das Kirchenvolk aber mit einem bleischweren »Weltkatechismus«, reaktionären Enzykliken und Moraldekreten zu traktieren und einzuschüchtern. Dies muß so deutlich gesagt werden anläßlich des 20. Jahrestags des Entzugs meiner kirchlichen Lehrbefugnis (18.12.79) und des Aufrufs von Papst und Bischöfen zu einem »Halljahr« der Versöhnung und des Schuldenerlasses zum Beginn eines neuen christlichen Jahrtausends. Ob dieser Aufruf auch für eine so oft selbstgerechte Hierarchie gilt? Oder gilt er wieder einmal nur den anderen, nicht aber der eigenen Adresse?

Solche Fragen brauchen uns indes nicht zu hindern, bei der Erneuerung der christlichen Verkündigung, der Vertiefung des christlichen Glaubens und der Reform der christlichen Kirchen entschlossen weiterzumachen - ohne kirchliche Nabelschau, bei der ja nichts Neues zu entdecken ist, vielmehr mit Blick nach außen, auf die real existierende Welt, und nach vorn, auf eine Zukunft hin, die auch für das Christentum schon begonnen hat.

Von daher ist leicht zu verstehen, daß für viele Menschen heute, nicht nur für Publik-Forum-Leser, das Credo-Projekt und das Projekt Weltethos zusammengehören:

Die noch ausstehende Einheit der christlichen Kirchen, der trotz aller Rückschläge anzustrebende Frieden der Religionen und die stets bedrohte und doch nie aufzugebende Gemeinschaft der Nationen sind die drei Dimensionen der einen und selben Hoffnungsvision für das dritte Jahrtausend.

HANS KÜNG IST EMERITIERTER PROFESSOR FÜR ÖKUMENISCHE THEOLOGIE
AN DER UNIVERSITÄT TÜBINGEN UND PRÄSIDENT DER STIFTUNG WELTETHOS

Entdecken, was uns mit anderen verbindet

VON MARIA JEPSEN

Credo – Ich glaube: Ein interessantes Projekt, Menschen aufzufordern, von ihrem Glauben, ihrem ganz persönlichen, zu erzählen. Und erstaunlich ist: Viele haben sich dazu einladen lassen. Sie erzählen von ihrem Glauben, von ihrer Hoffnung auf heilende und heilsame Erfahrungen, von ihren Träumen und Visionen einer menschlicheren und damit gottgefälligeren Welt. Und dabei wird deutlich, daß diese subjektiven Glaubens- und Lebenszeugnisse nicht im bloß Subjektiven befangen bleiben, sondern sich öffnen für das, was Menschen miteinander verbindet. Die Sehnsucht nach aufrichtiger und verläßlicher Gemeinschaft wird formuliert und erscheint als Hoffnung und Ziel angesichts einer Welt, in der sich die einzelnen in immer mehr Lebensbezügen auf sich selbst zurückgeworfen erleben. Hier strahlt etwas auf von einer Welt, in der Worte wie Geborgenheit, Frieden, Menschlichkeit, Freiheit und Bewahrung der Schöpfung keine Fremdworte bleiben.

Ich habe gern in diesen Texten gelesen, habe mich anrühren lassen, habe mich in vielem wiederfinden können. Es sind sehr unterschiedliche Texte, aus verschiedenen Perspektiven und Blickwinkeln geschrieben, aber alle gemeinsam darin miteinander verbunden, daß sie zu formulieren versuchen, welche Bedeutung das Wort »GOTT«, welche Bedeutung der Glaube für unser Leben haben kann und hat. Allemal wird dabei deutlich, daß Gott keine ferne jenseitige Größe ist, sondern nur in Bezogenheit auf unser Leben, unser Zusammenleben und diese Welt gedacht werden kann.

»Ich glaube, hilf meinem Unglauben.« So ruft der Vater eines kranken Kindes Jesus entgegen (Markus 9, 24). Auch davon wird in den Texten dieses Buches erzählt, von Zweifeln und Verzweiflung, von Fragen und Infragestellung dessen, was die Kraft hat, uns in unserem Leben zu tragen. Glaube ist immer auch Glaube gegen den Augenschein, gegen die bitteren Realitäten dieser Welt. Glaube kann uns die Kraft vermitteln, uns damit nicht einfach abzufinden, Friedlosigkeit und Zerrissenheit nicht einfach als schicksalsgegeben hinzunehmen. So lese ich diese Texte auch als Hoffnungstexte, als Wegzeichen der Ermutigung in einer Welt, in der uns so vieles den Mut nehmen kann.

Beim Lesen der Texte werden wir angeregt und herausgefordert, für uns selbst darüber nachzudenken, wie unser eigener Glaubens- und Hoffnungstext aussehen könnte. Und vielleicht können auch wir dabei die Entdeckung machen, daß uns vieles mit anderen verbindet, daß der Glaube an Gott beide Dimensionen umspannt: unsere ganz persönlich-existentiellen Erfahrungen und die tragende Kraft einer Gemeinschaft derer, die auf ein Heilwerden der Zerrissenheiten und Verletzungen unseres Lebens hoffen.

Ich wünsche diesem Buch viele Leserinnen und Leser, die sich bewegen lassen, die sich mitnehmen lassen auf die Suche nach dem, was unserem Leben Hoffnung und Sinnperspektive gibt.

MARIA JEPSEN IST BISCHÖFIN
DER NORDELBISCHEN EVANGELISCH-LUTHERISCHEN KIRCHE IN HAMBURG

Was Publik-Forum-Leser wirklich glauben

VON PETER ROSIEN

Über tausend Leser von *Publik-Forum* haben sich einem »heilsamen Druck aus der Redaktion« ausgesetzt, auf unsere Bitte hin, ihr ganz persönliches Glaubensbekenntnis zu bedenken, aufzuschreiben und einzusenden. Begonnen hatte alles mit einer 24seitigen Kurzfassung aus Hans Küngs Buch »Credo«, die *Publik-Forum* in seinem Osterheft '99 vorstellte. In Anschluß daran wurde die Aktion »Mein Credo« gestartet. Und seit Anfang April kamen die Zuschriften ins Haus. Bald war ein Waschkorb voll.

»Noch nie in meinem Leben habe ich so lange an einem Schriftstück gearbeitet wie an diesem Credo«: Dieses Bekenntnis eines Einsenders aus Berlin steht für viele andere ähnlicher Art. Nicht wenige betonen, wie gut es ihnen getan hat, sich einmal selbst Rechenschaft über den eigenen Glauben zu geben. »Ich freue mich sehr, daß Sie dieses Projekt gestartet haben. Mit dem Credo von Hans Küng fühlte ich mich beflügelt und gefordert, eigene Worte für das zu finden, was ich glaube«, schreibt eine Leserin aus Leipzig. Es habe seinen Wert in sich selbst, einmal für sich und andere zu formulieren, was einem das Wichtigste im Leben ist, bemerken viele Autoren.

Und so spürt man den Bekenntnissen oft eine innere Gebetshaltung, eine meditative Gestimmtheit an, in der sie geschrieben wurden. Hier äußern sich viele tiefgläubige Menschen, auch wenn die meisten eine kritische Distanz zu Amtskirche und offizieller Lehre anklingen lassen.

Ein gutes Drittel der Autoren betont, wie schwer es sei, alles in 30 Zeilen niederzuschreiben, wie im Aufruf zu der Aktion vorgeschlagen. Manche geben zu bedenken, sie würden ihr Bekenntnis ein paar Wochen später wohl schon wieder anders schreiben. Solche Bedenken weisen auf die oft sehr subjektive Seite der Glaubensbekennnisse hin. Den meisten Einsendern geht es gar nicht darum, daß ihr Credo-Text möglichst in Gemeinschaft mit anderen gesprochen werden könne. Sie wollen sich einfach nur einmal Klarheit über ihren eigenen Glauben verschaffen. Oft treibt sie eine tiefe Unzufriedenheit um mit dem über 1600 Jahre alten Apostolischen Glaubensbekenntnis, das Küng interpretiert hat. »Dort wird über Leben und Lehre des Jesus von Nazaret fast gar nichts gesagt, und das Wort Liebe kommt schon überhaupt nicht vor«: Solche Beobachtungen werden in vielen Begleitschreiben mitgeteilt.

Unter den Einsendern sind etwas mehr Frauen als Männer. Sie kommen aus sehr vielen Berufen, wie die oft beigefügten persönlichen Anmerkungen in Begleitschreiben erkennen lassen. Daß viele Religionslehrer und Pfarrer beziehungsweise ihre Kolleginnen unter den Einsendern vertreten sind, dürfte nicht überraschen. Lehrer haben bisweilen gesammelte Glaubensbekenntnisse von Schülerinnen und Schülern eingesandt, mit deren Einverständnis, wie sie versichern.

Sicher sind die Texte nicht repräsentativ für den »Glauben der Deutschen«. Sie dürften aber ganz gut das Spektrum jener *Publik-Forum*-Leserinnen und -Leser widerspiegeln, die an religiösen und kirchlichen Themen interessiert sind. Ob ein Autor von Haus aus katholisch ist oder evangelisch, läßt sich meist nur aus den Vornamen ahnen. Auch, wo ein paar Zeilen der »Maria aus Nazaret« gewidmet sind, ist ein katholischer Hintergrund zu vermuten. Ansonsten sind konfessionelle Unterschiede nicht erkennbar.

»Es gibt ebenso viele Wege zu Gott, wie es Menschen gibt.« Dieses Wort religiöser Weisheit tifft auf die Credo-Zusendungen an *Publik-Forum* ganz sicher zu. Wie aber geht man an einen solchen Stapel heran? Bei aller Individualität der einzelnen Bekenntnisse – lassen sich am Ende vielleicht doch hier und da ein paar Gemeinsamkeiten erkennen? Nach und nach hat sich in der Redaktion eine gewisse Typologie herausgeschält. Insgesamt sind es 18 Felder wichtiger Gemeinsamkeiten. Mal betreffen sie mehr Formales, mal Inhaltliches.

Die größte Gruppe, ungefähr ein Drittel, hält sich an den Grundriß des Apostolischen Credos. Die Kapitel über Gott, Jesus Christus und den Heiligen Geist werden dabei anschaulich und oft unbekümmert um kirchliche Lehre ausgemalt und konkretisiert.

In dieser Gruppe wird die wohl größte theologische Gemeinsamkeit unter allen eingesendeten Credos besonders deutlich: eine merkliche Abkehr vom Dogma der Göttlichkeit des Jesus von Nazaret. Für die meisten ist der Nazarener schlicht »unser Bruder«. Was ihn von anderen Menschen unterscheidet ist nach Ansicht vieler Credo-Autoren die intensive Gottesgewärtigkeit, in der Jesus lebte. Der Gott der Liebe leuchtet in diesem Jesus auf. Gott in mir – und ebenso in dir: Das lebt Jesus vor. In einer Vollkommenheit, die es bis dahin noch nicht gegeben hat. So bringen es viele der eingesendeten Bekenntnisse zum Ausdruck.

Es läßt darauf schließen, daß zumindest *Publik-Forum*-Leser gut unterscheiden können zwischen dem, was in den Evangelien historisch auf Jesus zurückgeht, und dem, was spätere bekenntnishafte Übermalung durch die ersten nachösterlichen Christen ist. Deutlich wird: Man kann diese »Übermalung«, dieses alte Bekenntnis, heute anders, eben nicht-mythologisch, auffassen, ohne dabei in der Betonung der Menschheit Jesu das urspüngliche Evangelium von der »befreienden Liebe Gottes« zu verfehlen. Hans Küng hat das sehr zu Recht als »Christologie von unten« bezeichnet.

Selbstverständlich ist damit für diese Autoren auch die alte Opfertod-Theologie hinfällig, derzufolge Gott wollte, daß Jesus für die Sünden der Menschen am Kreuz verbluten mußte, um sie so zu erlösen. Überhaupt hat sich der ganze »Erlösungsvorgang« sozusagen aus dem Himmel in das Herz verlagert. Für viele Autoren ist es unmittelbare Gewißheit, daß Gott einerseits in seinem riesigen Kosmos anwesend ist, andererseits aber mit seiner erlösenden Liebe nur im einzelnen Menschen zu erfahren ist. Gott in mir. Hier wird die uralte und doch so moderne Weisheit der Mystik sichtbar.

Das gilt oft auch für jene Autoren, die ihren Ausführungen das kaum weniger alte »Nicänische« Credo zugrunde legten. Weniger hingegen für jene, die es bei kurzen Hinzufügungen zum Apostolikum belassen wollen. Sie wollen mehr bewahren, als verändern.

Unter den eher nach formalen Kriterien zu ordnenden Credos finden sich in Prosa gehaltene theoretische Abhandlungen, oft kirchen- und dogmenkritischen Inhalts. Manche sind gar 30 Seiten lang, nach dem Motto: Was Küng kann, kann ich auch. Wieder andere Credos sind sozusagen lebensgeschichtlich entfaltet, oft von geradezu atemberaubendem Inhalt. Viele schreiben in Gebetsform. In eine weitere Kategorie sind poetische oder sonstwie musisch gestaltete Credos einzuordnen. Manche haben eine Vertonung in Notenbildern mitgeliefert.

Weiter lassen sich unterscheiden: Universalistische, das heißt, andere Religionen und Religionsstifter einbeziehende, sodann humanistisch-ethisch orientierte, esoterisch verortete oder Zweifel betonende Credos. Besonders Schüler und Konfirmanden bekunden starke Glaubenszweifel und eine zu denken gebende Gottesferne.

Auffallend ist, wie wenig Einsendungen es gibt, die schwerpunktmäßig das Thema »Politisch-theologisches Credo« zum Inhalt haben. Zumeist sind diese dann stark Jesus-zentriert und betonen den Reich-Gottes-Bezug des Nazareners. Manche lehnen »das Schielen nach subjektiver Erlösung« als »kleinbürgerlich« ab und betonen den Vorrang der Gemeinschaft vor dem einzelnen, wenn es um das Ganze, das Reich Gottes, geht. Andere stellen die jüdisch-christliche Kontinuität des Glaubens in den Mittelpunkt. Eine unbedacht antijudaistische Hervorhebung der »Lehre« Jesu kommt dagegen selten vor.

Auf manche Männer dürften jene Credos regelrecht aufreizend wirken, die entschlossen aus feministischer Sicht geschrieben wurden. Daß Frauen anders an bestimmte Formulierungen im Glaubensbekenntnis herangehen als Männer, fällt immer wieder auf unter den über tausend Einsendungen. Wenn aber ausgesprochene Feministinnen zur Feder greifen, kann wohl so manchem Kirchenmann der Atem stocken. Auch das wird in der hier vorgelegten Auswahl deutlich.

Ein Wort noch zu den Auswahlkriterien: Alle eingesandten Credos abdrucken zu wollen, und sei es als Loseblatt-Sammlung, hätte ein Buch von über 1000 Seiten ergeben. Das wäre bei dem absehbaren Leser- und Käuferkreis wirtschaftlich nicht machbar. Überdies: Viele der eingesandten Texte enthalten tiefgründige Gedanken und Einsichten, aber der sprachliche Ausdruck lädt nicht unbedingt zur Lektüre ein. Hier mußte ein Auswahl getroffen werden. Der andere Gesichtspunkt: Die 18 Typologien, die sich beim mehrfachen »Durchkämmen« der Einsendungen herauskristallisiert hatten, sollten repräsentativ vertreten sein. – So ist es zur Auswahl der hier vorgelegten 154 Credos gekommen. Die beiden Kriterien enthalten aber in keinem Fall eine Be- oder gar Abwertung der Glaubensüberzeugungen, die in über 1000 eingesanden Texten zum Ausdruck gebracht werden. Die haben ihren Wert in sich selbst.

Ich weiß um Gottes unergründbare Tiefe

Ich weiß um Gottes umgreifende Weite,
in der sich alles Lebendige entfaltet.
Ich weiß um Gottes unergründbare Tiefe,
die ausgreift über Raum und Zeit.

Ich weiß um Gottes umfassende Liebe,
der ich bedingungslos vertrauen darf.
Ich kann Gottes Liebe begegnen,
wie Abraham sie erfahren hat.
Ich kann Gottes Liebe ergründen,
wie Jesus sie gelebt hat.
Er hat segnend und tröstend,
erzählend und mahnend,
leidend und sterbend
die oft unerreichten Möglichkeiten der Menschen aufgedeckt.
Ich weiß durch Jesus Christus, dass Leben mit Gott möglich ist,
wo immer ich bin, fragend und gefragt.

Ich weiß, dass in jedem Menschen eine Kraft verborgen ist,
die lebendig machen will.
Sie begnügt sich nicht mit Wenigem,
mit Ausflüchten und Verweigerungen,
sie fordert und deckt auf:
Verweigerung und Schuld.
Es ist die Kraft Gottes,
die Kraft der Hoffnung und der Vergebung,
die Gemeinschaft schafft und Zukunft baut
und dem Leben das Siegel der Gewissheit verleiht. - Amen

ORTWIN BEISBART, STEGAURACH

Das Ziel des menschlichen Lebens

Ich glaube. Ausgeliefert einem scheinbar blinden und unentrinnbaren Schicksal versuche ich nicht, durch Askese und Opfer die Schicksalsmacht für mich einzunehmen oder in heldenhafter Anstrengung dieser scheinbar oft sehr ungerechten Macht zu trotzen und mich innerlich und äußerlich von ihr unabhängig zu machen. Ebensowenig aber bin ich bereit, zu resignieren und im Leben und seinen glückhaften Verheißungen nur eine vorübergehende Illusion zu sehen. *Vielmehr glaube ich.* Wie in der Gestalt Abrahams vorgezeichnet, gebe ich mich der Schicksalsmacht anheim, deren Walten ich letztlich nicht verstehen und durchschauen kann. Dadurch wird diese Macht konkret ansprechbar als *Jahwe,* »Ich bin da«. Wie Mose kann ich diesen »Ich bin da« fragen, was zu tun gut ist, und zu Verhaltensregeln finden, die entsprechend der Tora in Richtung des Liebesgebotes weisen und mir einen Lebensweg öffnen, den ich in äußerem und innerem Frieden mit mir und meinen Mitmenschen bis zum Ende hin gehen kann. Meine Angst vor dem unbekannten Ziel und Ende kann ich beruhigen, indem ich auf Jesus und die Evangelien blicke und sie verinnerliche. Denn Jesus ist konsequent wie niemand sonst diesen Weg des Abraham und des Mose gegangen, und obwohl sein Weg äußerlich gesehen in einer furchtbaren Katastrophe endete, wird mir doch glaubhaft erzählt, daß das, was von außen her gesehen als radikales Scheitern und als Fluchtod erschien, in Wahrheit und von innen her erlebt eine Entrückung war: ein Aufgenommenwerden in den Raum liebend zugewandter Schicksalsmächte und unvergänglichen Lebens. Darin sehe ich das Ziel des menschlichen Lebens.

GEORG BAUDLER, AACHEN

Einmal wird er alle Fesseln lösen

an Gott, die personifizierte Liebe, die bedingungslos auf die Menschen ausstrahlt.

an Gott, den Schöpfer, durch dessen Willen diese Welt entstanden und der in allem mächtig ist.

an Gott, der von jeher durch Menschen gesprochen hat und auch heute unsere Gedanken, Hände und Füße und unsere Stimme braucht, um seine Liebe zu verkünden.

an Gott, dessen Wesen alle Denkweisen, alle menschlichen Vorstellungen übertrifft, der überraschend ganz anders ist, als Menschen erwarten.

an Gott, dessen Liebe nicht an bestimmte Leistungen oder religiöse Übungen geknüpft ist.

an Gott, der bis in die tiefsten Tiefen menschlichen Lebens und Sterbens hinabgestiegen ist und dem deshalb kein menschliches Elend fremd ist.

an Gott, der besonders mit denen verbunden ist, die in dieser Welt nicht verstanden, nicht geachtet, nicht mit einer besonderen Gabe beschenkt, nicht materiell abgesichert, nicht geliebt sind.

an Gott, der den Tod kennt und durchlitt, aber nicht darin geblieben ist, sondern diesen Tod besiegt hat und jeden Menschen als sein Abbild nicht im Tod belassen will.

an Gott, der nach diesem Leben ein anderes Leben für uns vorgesehen hat, der bereit ist, uns im Tod in die Arme zu nehmen, wenn wir es so wollen.

an Gott, der in diesem Leben oder spätestens im Tod an uns in Ordnung bringen will, was an uns vollendet werden soll.

an Gott, der mit Wohlwollen auf eine Kirche blickt, die in zeitgemäßen Worten und Formen seine große ewige Wahrheit verkündet - der es gelingt, den Menschen durch seine frohmachende Botschaft Orientierung, Hilfe im Leben und Hoffnung zu schenken.

Ich glaube an diesen Gott, der schon immer war und immer sein wird. Der mich eingeschrieben hat mit Namen in seine Hand, aus der ich niemals fallen kann. Einmal wird er alle Fesseln lösen und mich vollenden in seiner unendlichen Liebe.

GABY HERZOG, BIEBERGEMÜND

Dreifaltigkeit: Gott

Gott mein Vater
mein Schöpfer
der mich bekleidet
mit Licht und Liebe
der für mich sorgt
in seine Hand mich nimmt
mich schützt und birgt

Gott mein Geliebter
mein Freund und Bruder
der mir Brot ist und Wein
köstlich schmeckt seine Liebe
der Mensch für mich ist
der seine Hand mir gibt
und mich führt

Gott mein Atem
mein Herzschlag
der mir Leben gibt
mein Herz öffnet
mich sehen und hören lehrt
und mir die Schönheit zeigt
der in mir lacht und weint
singt und betet
der mich erleuchtet

RITA HAUSEN, WALLDORF

Den Willen Gottes nicht erfüllen ist mißbrauchte Gotteskraft

Ich glaube an Gott, ein Geistwesen, von niemandem und nichts abhängig, in sich selbst ruhend, zeitlos – ewig, nicht ortsgebunden, überall, doch nirgends zu fassen, voller Weisheit, Macht und hingebender Liebe; eine Einheit, die sich in drei Kräften spiegelt, Dreifaltigkeit.

Die Universalkraft, Gott Vater, erschuf und erhält das Universum. Materie, Spiritualität, Leben, eine geschenkte Existenzkraft. Er legte Entwicklungsgesetze in die Schöpfung. Der Mensch erhielt einen bregrenzt freien Willen. Durch ihn wurde egoistisches Denken und Handeln möglich: die Sünde, ihrem Wesen nach ist sie mißbrauchte Gotteskraft, die im Menschen ruht, mißbraucht zu Gedanken oder Handeln gegen die Nächstenliebe; sie ist individuell, ballt sich auch massiv, mit unvorstellbarer Macht, in Volksbewegungen zusammen oder wirkt getarnt in Wirtschaft, Recht und kulturellen Strömungen. Ein ewiger Bruch zwischen Gott und der Menschheit? Dies verhinderte die zweite Gotteskraft, Gott Sohn, Jesus Christus; von einer Jungfrau geboren, Glauben und Nächstenliebe lebend und lehrend, kam Er in Konflikt mit der Staatsgewalt, Kreuzestod, Grablegung. Seine Seele erlebt die Folgen der Diskrepanz zwischen Gott und Sünde, Höllenqualen. Nach etwa drei Tagen siegt das Gottbewußtsein in Christus. Er führt seinen toten Körper in die Verklärung, eine uns noch unbekannte Lebensform, und erschuf sie dadurch für uns. So kehrte er zur Gotteinheit zurück. Das war das Erlösungswerk des Gott-Menschen Jesu Christi. Ein »Nur«-Mensch hätte es nicht bewirken können. Christus wird wieder auf unsere Erde kommen. Bald? In x 1000 Jahren? Glaubend warten! Auf jeden Fall danach: Weltgeschichts-Analyse durch Gottes Wissen und Kraft, bis zu jedem einzelnen Menschen hin, da wird jeder sich erkennen. Reue? Verstocktheit? Opposition? Weltgericht, Beginn der Ewigkeit.

An eine ewige Hölle glauben, fällt mir schwer. Ich kann sie nicht mit Gottes Liebe in Einklang bringen. Vielleicht: ein neues Leben in einem anderen Sonnensystem, wenn nötig mehrfach, Gott weiß und hat Möglichkeiten genug, den freien Willen auch des Verstocktesten im Laufe der Zeit zur Einsicht zu bringen. Diese meine Glaubensunsicherheit vertraue ich der dritten Gotteskraft an, dem Hl. Geist.

Der Hl. Geist ist überall wirksam, wo es eine Glaubensentwicklung zu Gott hin gibt. Schon bei den Urvölkern entzündete *er* die Sehnsucht nach einem Gott. Fern aller Mission begleitete *er* wohl die Menschen in ihren religiösen Kulturen die Jahrtausende hindurch, vor etwa 2000 Jahren wurde sein Name geprägt. *Er* stand den Aposteln bei, den neuen Bund Christi zu gründen, *er* ergriff einzelne, Saulus – Paulus, und erfaßte die Bewegung, die Kirche, *er* wirkt durch die Sakramente, *er* korrigiert die Kirche, d. h. uns Menschen, die wir sie durch die Zeit tragen sollen.

Obwohl mir die Erdgebundenheit meines Glaubens bewußt ist, bekenne ich mich zum Christentum, zur katholischen Kirche.

GERTRUD WOLF, BAD SODEN

Ich glaube meinen Ahnen

Ich glaube an Gott, das alles umfassende und alles durchdringende Du, das in mir ist und in dem ich bin.

Ich glaube an Gott, die Gestaltkraft allen sichtbaren und unsichtbaren Lebens, die auch in mir und an mir wirkt.

Ich glaube meiner Sehnsucht, die mich treibt dieses Geheimnis Gott zu suchen und die ich nicht selbst in mir entzündet habe.

Ich glaube an das Wort, das am Anfang gesprochen wurde, das auch mich gemeint und in die Beziehung geholt hat.

Ich glaube den Erfahrungen der alttestamentlichen Menschen, ich glaube dem Evangelium und ich bin überzeugt von den heilenden Begegnungen zwischen Jesus und den Menschen.

Ich glaube den Überzeugungen meiner persönlichen Ahnen und Ahninnen, die sagen, daß ich am Ende meines Lebens nicht ins Leere falle, sondern eingehe in das gesuchte Du.

ELISABETH GEHRKE, HEILBRONN

Auch ein Credo!

Anno domini 1923. Eine Volksschulklasse im Nachkriegselend des Berliner Scheunenviertels. Die 42 Schülerinnen werden in der Deutschstunde mit Leben und Glauben ihrer germanischen Vorfahren bekannt gemacht, und gleichzeitig wird ihnen im Religionsunterricht das Leben *Jesu*, werden ihnen seine Worte und Taten vor Augen gestellt.

Und da sitzt doch tatsächlich in einer der Bänke ein kleines, noch nicht zehnjähriges Mädchen, und das wird von tiefem Mitleid erfüllt für seine Vorfahren, die im Weltuntergangsdunkel, die zwischen Midgard und Asgard, mit der Wilden Jagd an Winterhimmel, mit Fehriswolf und Odins Raben leben mußten.

Denn da war ja auch dieser *Jesus* von Nazareth, der seine Mitmenschen »Vater unser« sagen lehrte, der entschied: »Lasset die Kinder zu mir kommen«; der sein strahlendes Leben für uns hingab - und dabei noch bitten konnte: »Vater, vergib ihnen, denn sie wissen nicht ...«

Er hat dieses kleine Mädchen zum *Glauben* geführt, so lebensnah und lebendig, daß dieses Kind heute noch meint, dabeigewesen zu sein zwischen all den Jüngern, den Heilungsuchenden und den so geliebten Kindern ...

Was Wunder, daß dieser Glaube zum Schutzmantel wurde in so vielen bitteren Nachkriegsjahren, und auch, als dieses Mädchen mit 14 bereits die inzwischen besuchte Höhere Schule verlassen mußte, von der Untertertia weg - eben um all die Familiennöte mit viel Arbeitseinsatz auffangen zu helfen.

Da dadurch auch der Konfirmationsunterricht wie die entsprechende Feier ganz außer Sichtweite geriet; da dieses Mädchen nun völlig isoliert war von schulischer Entwicklung wie von gleichaltrigen Gefährtinnen – bei Arbeitsvorgängen bis hin in die Nacht – blieb das Verlangen, *auch* zum Tisch des Herrn gehen zu dürfen.

Die Überlegungen der nun etwa Sechzehnjährigen: Jesus Christus erwartet auch mich – und ich kann doch gar nichts dafür. So nahm sie all ihren jungen Mut zusammen und fand sich an einem Sonntagmorgen ganz von sich aus bei der Abendmahlsfeier in der nahen Christus-Kirche ein. Sie meinte sogar, etwaigen erstaunten Fragen den Herrn Pfarrers gewachsen zu sein – aber der hat nur kurz geschaut auf den ihm unbekannten jungen Gast am Tisch des Herrn, hat nichts gesagt oder wissen wollen ...

Das Mädchen hat eine solche Teilnahme nie mehr wiederholt – wohl in dem Gefühl, es handele sich um etwas ähnliches wie die *Taufe*: ein Bekenntnis, fürs Leben gültig. *Credo!*

IRENE GAYDA, ULM

Der uns vorausgegangen ist

Gott, Du der Nichtnennbare.
Du mein Alles.
Du bist für mich:
Mutter und Vater,
Schwester und Bruder,
Freund und Lehrer
und mein Licht auf meinem Weg.
Führe mich!
Laß mich Dich in allem erkennen,
in dem Du bist.

Jesus Christus,
Du bist uns vorausgegangen
zum Vater, mit dem Du
in besonderer Weise verbunden warst.

Heiliger Geist,
der uns begeistert und erleuchtet.
Schenke uns Weisheit
und die Gabe der Unterscheidung.
Hilf uns zu glauben und zu leben,
hier und jetzt
und alle Zeit.

ANNEMARIE HUG, DUDERSTADT

Ich glaube nicht mehr richtig

Ich glaube nicht mehr richtig an Gott, denn er hat mir den liebsten Menschen wegenommen, und wenn ich ihn brauche, ist er auch nie da, wenn ich *Probleme* habe oder so. Deshalb glaube ich nicht richtig an Gott.

CLAUDIA NEUMANN, 13 JAHRE (ALBERT-SCHWEITZER-REALSCHULE), TÜBINGEN

Ich glaube an eine innere Melodie

Ich glaube an die Sonne
in mir und im Leben,
die Wärme gibt und Kraft.
Ich glaube an das Leben und
an die Liebe,
die mich umgibt und strahlt.
Ich glaube an mich,
glaube fest daran, daß ich das schaffe,
was ich mir vornehme.
Ich glaube an eine innere Melodie,
schöpferisch und zerstörend zugleich,
die – wunderschön – alles durchdringt
und fließend macht.
Ich glaube an das Miteinander,
an die Gemeinschaft,
in der die Menschen lebendig,
sie selbst sein dürfen.
Ich glaube an den Glauben,
stützend, haltend, gehalten,
ohne den jeder Mensch umfallen würde
wie eine Puppe
ohne Leben, ohne Licht, ohne Liebe.

VERENA NEUDERT (KLASSE 11 B), WÜRZBURG

Ich glaube an mich

Ich glaube an mich, an meine Stärke,
an meinen Willen,
an meine Kraft, um die Dinge zu meistern, die unüberwindbar scheinen.
Ich glaube an die Zukunft und hoffe auf sie.
Ich glaube an die Stille, die manchmal so guttut.
Ich glaube an alles Schöne auf der Welt,
das leider oftmals nur von kurzer Dauer ist.
Ich glaube an schöne Momente.
Ich glaube an meine Träume und hoffe, sie verwirklichen zu können.
Ich glaube an die Einsamkeit,
die oft hilft, mit sich selbst ins reine zu kommen.
Ich glaube an meine Freunde,
mit denen vieles leichter ist.
Ich glaube an das Gute im Menschen,
und ich glaube an das Weiterleben der Seele nach dem Tod.

KATHRIN DORSCH (KLASSE 11 B), WÜRZBURG

Gott steht immer an meiner Seite

Ich glaube, daß Gott auch bei kritischen Situationen in der Schule, beim Spielen oder irgendwo bei mir steht und mich beschützt vor Unfällen mit dem Fahrrad oder im Auto. Ich glaube, daß Gott mich auch vor Krankheiten, Lähmungen oder Hungersnöten beschützen wird.

LUKAS KOHNLE, 13 JAHRE (ALBERT-SCHWEITZER-REALSCHULE), TÜBINGEN

Ich glaube, Walfang und Kriege sind Schwachsinn

Ich glaube an Leben außerhalb des Universums. Ich *versuche* an einen Gott zu glauben, der nur das Beste für mich will und tut, auch wenn das nicht immer klappt. Ich glaube fest daran, daß der F.C.G. *(Fußball Club Gütersloh)* noch die Kurve kriegt. Ich glaube, daß die Wissenschaft bald ein Mittel gegen AIDS findet, damit das Leiden ein Ende hat. Ebenso werden die Nationen bald einsehen, daß Atomenergie sowie Walfang und Kriege Schwachsinn und primitiv sind.

FABIAN AUS EINER KONFIRMANDENGRUPPE, GÜTERSLOH

Gott, der Hauptprogrammierer

Ich glaube an Gott, den Hauptprogrammierer, der den binären Code der Welt geschrieben und damit alle Bits und Bytes zum Leben erweckt hat.

Und an Jesus, sein Update für die Welt, installiert von der CD des Heftes »Heiliger Geist«, ins Internet gebracht durch die unbeschriebene Festplatte. Bedroht vom Pontius-Pilatus-Virus, das von den Hackern in Rom geschrieben wurde.

Formatiert, entmagnetisiert und ausgebaut, hinabgestiegen in das Reich der Gelöschten. Nach drei Tagen wieder installiert und neu gebootet.

Zurückgesendet zum Oberprogrammierer. Er sitzt nun zur Rechten des Oberprogrammierers als Informatiker.

Aus dem Internet wird er gesendet, um Scandisk bei den benutzten und den gelöschten Programmen auszuführen.

Wir glauben an den unbegreiflichen Cyberspace, an den globalen Datentransfer und an die Ansammlung der Server, Vergebung der Bugs, Wiederherstellung der Gelöschten und an das ewige Bios.

Enter!

JULIA LANDGRAF, BÖBINGEN; DANIEL SEBEL, BÖBINGEN;
TOBIAS MÜLLER, MÖGGLINGEN; ANDREAS GEDIGA, HEUBACH-BUCH
(ALLE KLASSE 10/REALSCHULE HEUBACH)

Im ganzen Kosmos

Ich glaube an Gott,Vater mit mütterlichen Zügen,
angerufen mit vielen Namen.
Er liebt jeden Menschen ganz, ja die ganze Schöpfung.
Er ist ganz Mensch geworden in Jesus, meinem Bruder,
geboren von Maria, der reinen Frau.
Wie sie hat er sich ganz auf die Liebeszusage Gottes verlassen.
Er hat die befreiende Liebe verkündet und gelebt.
Er hat von vielen Leiden befreit und befreit noch heute
bis in den Tod und nie endendes Leben.
Er ist diesen Weg vorangegangen.
Sein heiliger Geist befreit zu Leben, Liebe, Frieden und Toleranz.
Sein heiliger Geist ist der Lebensatem der Welt:
Wo er weht, ist Gott lebendig,
in der Gemeinschaft der Glaubenden, der Kirche in vielen Kirchen
und im ganzen Kosmos.
Ich glaube an das Leben in Fülle heute und
vollendet, wenn ich diese Welt verlassen habe.
Amen.

PETER HERMANN, HOHENAHR-HOHENSOLMS

Gott gibt es nicht

Ich glaube, daß der Gott, wie er in der Bibel beschrieben wird, nicht existiert. Er ist ein Produkt der Fantasie. Früher, als fast alle an Gott glaubten, brauchten die Menschen etwas Großes, an das sie glauben konnten. Der Gott von heute und an den ich glaube ist eine sterbliche Person, die nicht allmächtig ist, sondern auch selber einen Gott braucht. Wenn man von einem anderen Menschen beschützt und verstanden wird, dann ist das für mich ein Gott, vor dem man nicht niederknien muß und ihn anbeten muß, sondern ein Freund, ein Gott.

JENS AUS EINER KONFIRMANDENGRUPPE, GÜTERSLOH

Er ist mein Bruder

Ich glaube an einen Gott,
der mein Vater ist und zugleich auch Mutter,
den ich männlich anrede
(weil mir noch nichts Besseres eingefallen ist),
dessen Größe und Allmächtigkeit sich (für mich)
in Liebe verwandelt hat,
da Er mir viel näher ist, als Allmächtigkeit zuläßt.

Ich glaube an einen Gott;
mit den Menschen,
über und in allen Dingen
vor allem ganz tief in mir,
verinnerlicht als »Du«.

Ich glaube an einen Gott,
der wachrüttelt, zuhört, antwortet,
mich trägt und aufrichtet,
der mir auch meine Zweifel und Fragen läßt,
meine Sehnsucht und mein Suchen.

Ich glaube an einen Gott,
der mit mir durch die Wüste geht,
scheinbar fern,
damit ich Dürrezeiten bestehe und wachse,
der mich zu Oasen führt,
um die wirkliche Fülle,
den wahren Reichtum zu erfahren
im Ginsterstrauch,
der meine Zuflucht ist,
in einer weißen Wolke, wo ich in Leichtigkeit
und grenzenlosem Vertrauen mitfliege.

Ich glaube, daß Gott mir und allen Menschen
seine Liebe und Nähe durch
Jesus begreiflich und verständlich macht.

Ich glaube an Jesus Christus,
der mein Bruder ist, dessen Schwester ich bin,
mit dem ich unterwegs sein darf,
dessen Botschaft der Liebe mich immer neu herausfordert
der gelitten hat unter der Kälte
und Uneinsichtigkeit der Menschen,
der gestorben ist, um radikal und konsequent
seine Liebe und Treue zu Gott und uns zu beweisen.

Lch vertraue und ich verspüre einen Heiligen Geist,
der mich befreit und inspiriert
und mir Hoffnung ist.

Ich glaube, daß viele Menschen mit mir
Gott und Wahrheit suchend,
vor allem aber liebend unterwegs sind.

Ich glaube an eine Gemeinschaft von Menschen,
die versuchen, eine ehrlichere und gerechtere Welt zu gestalten,
so bauen wir an einem Haus, das Kirche heißt,
wo wir auch selber drin wohnen und willkommen sind.

Ich glaube an einen Gott,
der sich mir durch Menschen offenbart,
die mich in herzlicher Zuneigung und Freundschaft begleiten.

Ich glaube vor allem an einen menschenfreundlichen
und vergebenden Gott,
der mich immer wieder durch Versöhnung
einen Teil von Auferstehung jetzt im Leben feiern läßt,
der mich durch das Erkennen meiner Schattenseiten
errettet und erlöst,
damit ich leichter lerne täglich zu sterben und aufzustehen.

Ich glaube an einen Gott, der Sehnsucht heißt,
der meine Freiheit ist
und den ich nicht in Worte fassen kann.

MARLENE BACKES, ST. VITH

Gott ist noch nicht fertig mit sich selbst

Ich glaube an Gott, die Kraft die alles zusammenhält und alles durchwirkt.

Gott ist Mutter und Vater von allem, vom Sichtbaren, Unsichtbaren, Spürbaren und nicht Spürbaren.

Gott ist innen und außen und dazwischen.

Gott ist die Grenze und die Verbindung.

Gott ist nicht mächtig im menschlichen Sinn, aber Gott ist *Wirk*lichkeit.

Um zu sein und zu werden und das Werden zu bewirken, braucht Gott keine Macht.

Gott ist noch nicht fertig mit sich selbst.

Ich glaube, daß Jesus ein Mensch war, der viel von Gott und besonders von der Welt und von sich selbst verstanden hat,

Er war Kind Gottes, wie wir alle, und hat als solches sein Leben mit allen Höhen und Tiefen gelebt.

Ich glaube, daß Gott in jeder Religion eine andere Seite von sich zeigt, und ich glaube auch, daß die Menschen nicht das Bedeutsamste in diesem Universum sind.

Und das Wichtigste: Ich glaube, daß Gott lachen kann, mit uns und über sich selbst.

Aber wenn ich ganz ehrlich bin, glaube ich das alles nicht,
sondern ersehne zuinnerst, es glauben zu können.

SONJA SOBOTTA, FREIBURG

Im immerwährenden Kreislauf

Ich glaube an einen Urgrund des Seins
und einen Sinn des menschlichen Daseins,
der uns deutlich wird in der Liebe.

Jesus war vom Geist der Liebe in besonderem Maße durchdrungen und hat ihn konsequent gelebt.
Darum wurde ihm der Prozeß gemacht, und er wurde umgebracht.

Doch die Liebe lebt, denn sie ist Teil eines jeden Menschen.
Sie ist unabhängig von Politik und Religionen.
Überall auf der Erde ist sie immer wieder im Handeln der Menschen erkennbar.

Ich glaube, daß jedem Lebewesen eine eigene Würde zukommt, die wir aus dem Bewußtsein unserer
eigenen Würde achten sollen.
Ich glaube, dass es an uns Menschen ist,
das Reich eines verstehenden Miteinanders zu schaffen
und uns unsere Sünden zu vergeben
- und zwar jetzt,
denn nach unserem Tod löst sich unser Sein auf im immerwährenden Kreislauf der Schöpfung.

BIRGIT SINA, EUSKIRCHEN

Die Botschaft

Ich rege an, das Apostolikum in folgender Weise zu ergänzen (Ergänzungen kursiv):

Ich glaube an Gott
den Vater, den Allmächtigen,
den Schöpfer des Himmels und der Erde.
Er hat den Menschen nach seinem Bild
erschaffen und will sein Heil.

Und an Jesus Christus
seinen eingeborenen Sohn, unseren Herrn,
empfangen durch den Heiligen Geist,
geboren von der Jungfrau Maria,
gelitten unter Pontius Pilatus,
gekreuzigt, gestorben und begraben,
hinabgestiegen in das Reich des Todes,
am dritten Tage auferstanden von den Toten,
aufgefahren in den Himmel.
Er verkündete die Botschaft vom Reich Gottes,
einem Reich der Gerechtigkeit, Freiheit und
Barmherzigkeit, zu dessen Verwirklichung auf
Erden wir Menschen beitragen sollen.
Er sitzt zur Rechten Gottes
des allmächtigen Vaters,
von dort wird er kommen,
zu richten die Lebenden und die Toten.

Ich glaube an den Heiligen Geist,
die von Gott ausgehende Kraft und Macht,
die heilige katholische/christliche Kirche,
Gemeinschaft der Heiligen,
Vergebung der Sünden,
Auferstehung der Toten
und das ewige Leben.

RUDOLF WALTER, FRANKENTHAL

Die Liebe stirbt nicht

Wissen starb und wurde vor den Schöpfer gerufen. »Welche Schätze hast Du Dir erworben im Laufe Deines Da-Seins?« fragte es dieser.

»Ich habe die Erkenntnis des Wesens aller Dinge gesammelt - sieh' nur! ...«; doch da war nichts.

Glauben starb und wurde ebenfalls vor den Schöpfer gerufen und mit derselben Frage bedacht.

»Ich habe die Einsicht in die geheimsten Zusammenhänge allen Seins und Nicht-Seins gewonnen - sieh' nur! ...«; doch da war ebenso nichts.

Auch Liebe wurde vor den Schöpfer gerufen und bekam eben diese Frage gestellt.

Liebe schaute ihm lächelnd ins Auge, öffnete ihr Herz und siehe! - Sie hatte die ganze Welt mitgebracht!

ANDREAS PATALON, CELLE

Gottes Geist wirkt in der Welt und durch mich

Ich glaube an Gott, der die Welt geschaffen hat mit allem, was an Herrlichem und Unzulänglichem dazugehört.

Ich glaube an Jesus Christus, der wie jeder Mensch ein menschliches Elternpaar und einen göttlichen Vater hatte.

Ich glaube, daß Jesus ein außergewöhnlicher Mensch war, der sich besonders mit den armen, geknechteten und sündigen Mitmenschen solidarisierte und sie durch sein Vorbild ermutigte, sich selbst anzunehmen, den anderen in seiner Eigenart zu akzeptieren und die Hoffnung nie aufzugeben.

Er lehrte die Menschen das Beten und die gemeinsame Feier des Abendmahls. Sein gewaltsamer Tod und seine »Auferstehung« zeigen uns, daß der Heilige Geist in der Welt wirkt und auch durch mich wirken kann zum Wohl der Welt und zum Lobe Gottes.

BARBARA SCHULENBURG, BERLIN

Mein Credo ist Unglaube und Glaube zugleich

Ich bin in katholischem Umfeld aufgewachsen. Ich bekenne mich zu meinen Wurzeln. Anfangs gab es für mich keinen Zweifel an der Autorität des kirchlichen Lehramtes. Inzwischen bin ich mir sicher, daß der historische Jesus fast alle »Glaubens-Wahrheiten« der Kirche in Frage stellt, da die meisten Worte, die man ihm in den Mund gelegt hat, nicht von ihm stammen. Im einzelnen: Jesus hat keine Kirche gegründet, kein Sakrament gestiftet, die sog. »Einsetzungsworte« des Abendmahls stammen nicht von ihm. Jesus hielt sich selbst nicht für fehlerlos, nicht für allwissend, erst recht nicht für einen Gott; es war nicht seine Absicht, die Welt durch seinen Tod zu »erlösen«. Jesus ist nicht historisch faßbar auferstanden, sein Grab war nicht leer. Kann man in Anbetracht dieser ungeheuerlich anmutenden Behauptungen, die übrigens alle leicht zu begründen sind, noch von »Glauben« sprechen? Was bleibt übrig? Bezugspunkt für mein Credo ist der historische Jesus. Dieser Mann hat durch ein grenzenloses Vertrauen auf einen liebenden Gott die Liebe an die Menschen weitergeben können. Für ihn ist jeder ein »Sohn Gottes«, der sich traut, das »Vater unser« zu sprechen. Die Liebe ist das einzige im Leben eines Menschen, das über seinen Tod hinausweist, sie ist ein Bote des Himmels. Nicht »Jesu Lehre«, sondern sein Leben wurde den Ängstlichen und Trauernden zur Hoffnung, weltlichen und kirchlichen Herrschern oft zu Provokation. Er wurde hingerichtet, weil sein kompromißloser Einsatz für die Menschlichkeit Ordnungen gefährdete, Dogmen und Tabus verletzte. Sein Leben hat die Welt aus den Angeln gehoben. Sein »Vater« ist der Gott aller Menschen, der uns in allen Religionen begegnet; eine »absolute Wahrheit« hat keine von ihnen; deswegen kann ich auch getrost katholisch bleiben. Meine Vorschläge für die katholische Kirche: alle Dogmen schleunigst abschaffen, zumal sie keinen moralischen Anspruch erheben, die Sakramente von ihrem magischen Charakter befreien und sie wieder zu dem machen, was sie eigentlich sind: mythische Weisheiten, die über den Sinn des Lebens Auskunft geben, und endlich: mit der Nachfolge Jesu ernst machen.

PETER KRÜGER, BRÜHL

Brennende Mitte

Ich glaube
an den Schöpfer des Universums
den Herrn der Weltgesetze
den Gott der Menschenherzen
der alles in allem ist
Heiliger Geist
Brennende Mitte
Fleischgewordenes Wort
Alpha und Omega

Ich glaube
daß Jesu durch sein Leben
die Menschenfreundlichkeit Gottes
verkündet hat
und seine Botschaft
uns die Richtung zur wahren
Menschwerdung aufzeigt

Ich glaube
an ein ewiges Leben
und daß der Mensch auch im Tod
nicht tiefer fallen kann
als in Göttes Hände
und dort ist Leben *Amen*

MAGDALENA MARX, LÜDINGHAUSEN

Jesus, unser Bruder und Freund

Die Schöpferin Liebe ist Gott.

Ich glaube an die Schöpferin Liebe, die Kraft ist und Ohnmacht zugleich. Aus ihr geht alles Gute hervor.

Auch Jesus ist aus ihr geboren, unser Bruder und Freund.

Die junge Frau Maria von Nazareth empfing ihn und brachte ihn zur Welt in der Kraft der heiligen Ruach. Er lehrte wie ein Rabbi. Frohe Botschaft waren seine Worte. Helfer war er den Bedrängten, Kranken und Verachteten. Von den römischen Machthabern wurde er gekreuzigt unter Pontius Pilatus, starb in Ohnmacht und wurde in ein Grab gelegt.

Die Schöpferin Liebe, Gott, schenkte ihm eine neue Existenz ohne Tod. So richten wir unser irdisches Leben nach ihm aus, immer hoffend auf seine Liebe. Sie ist die Schöpferin von Anbeginn, heilige Ruach, Weisheit und Geist, die väterlich und mütterlich die Gemeinde der Gläubigen, die Kirche, zusammenhält und sie heiligt.

Auch nach unserem Tod werden wir in ihr leben.

BERNHARD FLASPÖHLER, OSNABRÜCK

Durch viele Erdenleben hindurch

Ich glaube an den göttlichen All-Einen,
der immer der Eine ist,
gleich welchen Namen
die Menschen ihm auch geben.

Ich glaube an die Liebe
als das ewige Wesen des All-Einen,
aus dem jeder Mensch geboren wurde,
ganz gleich, wo er lebt,
ganz gleich, was er glaubt,
ganz gleich, wer er ist.

Ich glaube an das Vorbild Jesu,
der gelebt hat,
damit wir es ihm gleichtun.

Ich glaube an das All-Eine im Menschen,
der seinen Weg zu Licht und Liebe
durch viele Erdenleben geht,
die ihn läutern
durch die Folgen seines Denkens und Tuns,
damit er wahrhaft Mensch werde,
um zu seiner Göttlichkeit zurückzukehren
und am Ende seiner irdischen Reise
wieder all-eins zu werden mit dem
Ewig Göttlichen,
Ewig Liebenden
All-Einen.

MARIA G. BAIER-D'ORAZIO, BERLIN

Gebet

Lieber Gott,
Du bist ich,
ich bin Du.
Ich bin Mensch.
Bis ich Du bin,
muß ich noch
sehr viel lernen,
vor allem
die Liebe!

BERND LANG, NÖRDLINGEN

Ich vertraue Dir

ich glaube
an dich
ewiger Geist
an dein Leuchten
durch die Zeit
an deine Liebe
in Ewigkeit
an deinen Frieden
im endlosen Raum
an deine Güte
die uns trägt
an dein Leben
das uns ewig bleibt
wie das Licht der Seligkeit
amen

MARIA EMGENBROICH, KÖLN

Das Gesicht Gottes in meinem Innern

Ich glaube an Gott als den Urgrund alles Seins und daß er mich annimmt, so wie ich bin,
daß ich seine Nähe in Erzählungen, Mythen und Überlieferungen spüren kann,
wo immer ich bin und seiner bedarf.
Ich glaube, daß ich gewollt bin und mein Leben nicht vergeblich ist,
sondern daß ich Aufgaben habe und mein Leben damit Sinn bekommt.
Ich glaube an die Geistigkeit des Menschen, die Kraft der Liebe, die Macht der Fantasie
und die Gültigkeit der eigenen Glaubenserfahrung.
Ich glaube, daß ich die Wahrheit denken und die Liebe leben kann
und Gott in meinem Innern das Gesicht annimmt, mit dem ich ihn anschaue.

Ich weiß aber um die Zerbrechlichkeit und Vergänglichkeit aller Dinge,
daß alle Glaubensoffenbarung nur Menschenwerk ist,
daß ich vieles will, aber nur manches kann,
daß viele Zufälle mein Leben steuern und es schwer ist, alles zu begreifen.
Ich weiß, daß ich verantwortlich bin für mein Tun und Lassen,
manchmal aber blind gegenüber Wahrheit und Liebe,
und daß ich sorgfältig mit meinem Glauben umgehen muß: Er ist eingebrannt.

GERHARD KEßLING, MAINZ

Über den Tod hinaus

Wir glauben an Gott,
der die Welt in Händen hält.
Durch ihn wurde alles geschaffen,
und in seine Hände fällt auch alles wieder zurück.

Wir glauben an Jesus Christus,
in dem alles sichtbar geworden ist,
was wir von Gott erkennen können.
Er ist unser Wegweiser und Begleiter.

Wir glauben an den Heiligen Geist,
der uns immer wieder zum Glauben befähigt
und anspornt, an Gottes Schöpfung mitzuwirken.

Dieser Glaube verbindet uns zu einer Gemeinschaft,
die über den Tod hinaus Bestand hat.

KATHARINA WAGNER, HILPOLTSTEIN

Gott ohne Halsband

Ich glaube an einen Gott ohne Halsband, der sich weder von meinen noch von den Vorstellungen anderer zwingen läßt, aber gleichzeitig mich/uns mit einem bedingungslosen, zwecklosen, sich selbst verschenkenden Gnadenstrom begegnet. Mein Leben ist ein einziges Verlangen danach, von diesem sinnlichen Sinnlosen »gefressen« zu werden. Ich glaube an die pulsierende, sich immer wandelnde Materie als Ausdruck, als Landeplatz des Unaussprechlichen, und an das Multiversum einer dehnbaren, erfahrbaren Vielfalt der Wirklichkeit. Ich glaube an das unmöglich-notwendige Vergnügen, diese physisch-charismatische Wirklichkeit leibhaftig zu erspüren. Ich glaube auch an eine göttlich-weiblich und energetische Chaoskompetenz und vertraue auf sie als fruchtbarer Schoß und Geburtsort einer Neuwerdung. Ich glaube, daß Gott immer anders ist, nah und fern, umarmend und penetrierend, trennend und einigend, tötend und lebendig machend, völlig verläßlich im Ausdruck des Paradoxen. Ich glaube an die *reale Präsenz* der göttlichen Substanz in der Welt und daran, daß der Begriff Wunder nur ein anderer Ausdruck ist für Transformation. Ebenfalls glaube ich an die heilenden Kräfte der Abgründe Gottes – daran, daß das Dunkle dazu dient, mich an das Licht zu gewöhnen. Ich glaube, daß Glauben Glauben verlieren heißt. Ich glaube, daß die Zähigkeit, in der Leere und im Vakuum der Verzweiflung mich an Gott festzukrallen, mich das Handwerk lehrt; das Handwerk, die Gewalt und das Entsetzliche in mir und in der Welt anzuschauen; das Handwerk, verletzbar und geschützt zugleich mich auszuliefern. Ich glaube an die erotische, sinnliche Präsenz eines personalen und zugleich kosmischen »In-mir-Gegenüber«. Ich glaube, daß die unersättliche und beunruhigende Sehnsucht, Gott schmecken, riechen, tasten, hören und vom Kopf bis zum Becken, von den Fingerspitzen bis zu den Fußsohlen fühlen zu wollen, meine menschliche Bestimmung ausmacht. Und ich glaube, daß dieses »nach Gott gelüsten« mir die Freude schenkt. Die Freude, die nichts anders kann, als sich weiterzuverschenken.

CANDACE CARTER (MALERIN UND PERFORMANCEKÜNSTLERIN), SELTZ

Jesus hat Gott gewagt

Auf dem Asphaltweg zwischen
zwei Orten hat eine Baumwurzel
die Teerdecke angehoben:
Ich glaube an die Kraft
des Lebens,
die göttlich ist,
Gottes Kraft,
die die Welt nach ihrem Gesetz
erschaffen hat.
Diese Kraft schuf Sprache,
den schöpferischen Wortschatz, der mir
zur Verfügung steht.
Ich glaube, daß Jesus Christus
kraftvoll, beseelt und
schöpferisch umzugehen wagte
mit Gott und nun auch mir
Mut gibt,
hinabzusteigen in das
Reich des Todes,
um von dort
wiederzukommen,
die Teerdecke anzuheben,
zu durchbrechen und
ans Licht zu gelangen.

Amen

ILSE BEHL, KIEL

In ihm sind wir geborgen

Ich glaube an Gott, von dem alles Leben kommt.

In ihm sind wir geborgen. Aus Liebe hat er uns zu seinen Ebenbildern gemacht und uns seine Schöpfung anvertraut.

Ich glaube an Jesus Christus, der aus dem Herzen Gottes kommt.

Er hat uns vorgelebt, wie Gott ist. Er stand auf der Seite der Kleinen und gab ihnen Größe.

Sein Leben und seine Liebe führten ihn in den Tod am Kreuz.

Er vertraute dennoch auf Gott, den er »Abba«, Vater, nannte.

Und Gott hat sich zu ihm bekannt und ihn von den Toten auferweckt.

Er lebt bei Gott und bei uns.

Ich glaube an den Heiligen Geist. Er bewegt unser Leben und will uns zu neuen Menschen machen, zum Zeichen Gottes in dieser Welt.

Ich glaube an die Gemeinschaft aller Menschen guten Willens und an ein Leben nach dem Tod in der Liebe und Geborgenheit Gottes. Amen

EVA-MARIA LEIBER, WITZENHAUSEN

Gott geschieht in dir und mir

Ich vertraue: Gott ist Liebe. Allein die Güte läßt mich leben im wachsendem Vertrauen. Sie hält mich geborgen.

Ich vertraue: Gott geschieht. Gott geschieht überall, wo Menschen gütig und menschlich leben.

Ich vertraue: Gott wird. Gott wird dort, wo das Leben Heilung und Erlösung erfährt.

Ich vertraue: Jesus von Nazareth war Menschlichkeit Gottes in Person. Er vertraute dem Werden Gottes mitten im Leben als ein Reich Gottes unter uns.

Ich vertraue: Auch in und mit mir und jedem Menschen kann Gott geschehen und wird das Reich der erlösenden Liebe in allen Religionen, Völkern und Ländern dieser Erde.

Ich vertraue: Gottes Geist lebt in Bildern des Vertrauens. Die Bibel ist ein Erzählbuch des Vertrauens. Ihre Bilder atmen den Geist Gottes, wo sie ermutigen, trösten und Vertrauen wecken.

Ich vertraue: Mein Leben ist sinnvoll. Vertrauen zu erfahren und erfahren zu lassen ist der Sinn meines Lebens. Dieses Vertrauen hält mich geborgen in Gott. Vertrauen schafft Beziehung und hat die Kraft, mich und das Leben zu heilen und zu erlösen. Auch im Loslassen meines ganz Eigenen, meines Lebens, bleibe ich geborgen in Gott.

FRIEDRICH VAN SCHARREL, KLAGENFURT

Jesu Menschenfreundlichkeit

Ich glaube an Jesus Christus und an sein »verrücktes Angebot«, zu vertrauen, zu hoffen und zu lieben in einer Welt voller Mißtrauen und Ellenbogengewalt (D. Sölle).

Ich sehe keinen überzeugenderen Weg für uns Menschen, miteinander in Frieden, sozialer Gerechtigkeit und im Einklang mit der Schöpfung leben zu können, als dem Vorbild Jesu zu folgen, indem wir versuchen, seine Menschenfreundlichkeit den Menschen erfahrbar werden zu lassen, denen wir begegnen.

Ich glaube an Gott als die Kraft, die uns zum Widerstand gegen die Ungerechtigkeit und für die Liebe zu den Menschen, die unsere Hilfe brauchen, befähigt.

Obwohl ich die Grenzen menschlicher Möglichkeiten erkenne, glaube ich an den guten Ausgang der Geschichte, weil ich hoffe, daß sich das Dasein für andere lohnt.

INGRID SCHILLING, DORTMUND

Laß mich Deine Gegenwart spüren

Wunderbare Kraft,
die lebendig macht und heilt,
die alles Seiende durchdringt
und alles Lebendige erfüllt.
Wunderbare Kraft,
die Jesus offenbarte
und ausgeht von der Liebe Gottes.

Vater, Mutter, unser,
laß mich Deine Gegenwart spüren,
laß mich Deine Kraft
in mir und außer mir erfahren,
laß sie wirken
auf Körper und Seele
und durch mich weiterwirken,
auf daß uns Dein Reich näher komme
durch Jesus,
unseren Bruder.

Amen.

KARL KEUTLER, LINDENFELS

Er ist meine innere Stimme

Ich glaube an Gott, der mich geschaffen hat. Er ist in mir – er ist meine innere Stimme. Ich kann sie hören, ihr folgen – dann werde ich »heil« –, ich kann sie ablehnen und vor ihr davonlaufen – dann mache ich viele Erfahrungen und brauche diese, um zu meinem »Ich« zurückzufinden.

Ich glaube, daß Gott uns gesund will – daß wir mit seiner Kraft, der göttlichen Heilkraft, jede Krankheit überwinden und an ihr wachsen können –, Krankheit ist eine Herausforderung, einen neuen Weg einzuschlagen (im Geist).

Ich glaube an Gott, der seinen Sohn Jesus damals und heute immer wieder Menschen schickt, um uns an diese Kraft, die wir haben können, zu erinnern. Die Wunder Jesu gelten heute, geschehen heute, wenn wir sie zulassen und unsere Eigenständigkeit dem Glauben und Vertrauen unterordnen.

Ich glaube, daß die christliche Lehre die großartige Erlösungsbotschaft ist – uns auch erlöst von dem Gedanken der Einzigartigkeit unserer Religion.

Ich glaube an den Bumerang, d.h. Ursache und Wirkung – was wir auch tun und denken, kehrt zu uns zurück.

Ich glaube, daß alles, was uns begegnet, eine Botschaft hat, einen Sinn hat und wir daraus lernen können, Mensch zu werden.

JOSEFA KRUMME, AERZEN

Unbeschreiblich schöne Kraft des Lichtes und des Lebens

Du Schöpfer und Impuls des Universums,
Du unbeschreiblich schöne Kraft
des Lichtes und des Lebens,
Du, Gott unserer Erde,
an Dich glaube ich mit ganzem Herzen.
Du, dessen grenzenlose Güte und Weisheit
an meinem Herzen rührt und
mich Demut lehrt,
Dich liebe und achte ich.
Ich glaube an Deinen Sendboten Jesus Christus,
der mit seinem Leben den Tod überwunden hat
und dessen Botschaft der Liebe und der Vergebung und des Friedens
ewig unter uns Menschen wirken kann.
Und ich glaube an die lebendige, heilige Kraft meines Gottes,
die mich ihm immer wieder nahe bringt
und meinen Glauben stärkt.

STEFAN HÖPEL, MÜNSTER

Ich bin Brot für euch

Jesus spricht vom Reich Gottes, das mit ihm seinen Anfang genommen hat. Dieses Bildwort umschreibt die Gesinnung Gottes, von der der Mensch mehr und mehr erfaßt und durchdrungen werden wird. Gott ist allein Liebe und geht nur auf die Rettung des Menschen aus. Diese Frohbotschaft Jesu erlöst den Menschen von Angst. – *Für Paulus ist die Summe »seines« Evangeliums das Blutopfer Jesu am Kreuz,* das die Vergebung der Sünden bewirkt und den vernichtenden Zorn Gottes abwendet. Er geht damit wieder hinter Jesus zurück auf die alttestamentliche Vorstellung des für die Sünden des Volkes geschlachteten Opferlammes: Für unsere Sünden (von Gott) in den Tod gegeben. Mit Jesu Botschaft hat das nichts zu tun. Gott braucht den Tod eines Menschen nicht, um vergeben zu können. Niemand kann und muß für meine Sünden sterben. Der Abba läßt Schuld und Strafe umsonst nach, wenn der Mensch umkehrt und seinem schuldigen Bruder ebenso umsonst vergibt. Gott genügt allein die Umkehr des Herzens. Das ist das ganz und gar Neue am Neuen Bund: Schenkende Liebe statt vergeltender Gerechtigkeit (Karl Herbst). – Aus dem Bibeltext ist klar zu entnehmen, daß Jesus am Kreuz nicht gestorben ist. Urtext: *»Er (Gott) hat ihn nicht in den Tod hineinfallen lassen«;* Jesus ist nicht auf wunderhafte Weise auferstanden, sondern wieder auf-ge-standen. Ist das weniger Grund zur Freude? – An Himmelfahrt wurde er nicht in den Himmel entrückt. Es heißt schlicht: Er ging von ihnen weg. *»Ich bin Brot für euch«* ist ein Bildwort und sagt aus: Durch meine Botschaft von dem liebenden Gott bin ich für euch so unentbehrlich und lebenswichtig geworden wie das Grundnahrungsmittel Brot, das jeder haben muß. »Blut« ist ein späterer Zusatz und weist wiederum zurück auf das Bundesblut des Alten Bundes am Sinai. Im Neuen Bund »legt Gott sein Gesetz in ihr Inneres und wird es ihnen ins Herz schreiben«. Auf diese göttliche Höhe hat uns Jesus geführt.

ELISABETH KINBERGER, TÖGING

Vollendung der Menschheit in Gott

Ich glaube an Gott.
Urgrund allen Seins,
der uns Vater und Mutter ist.
Er ist die Liebe, der ich mich anvertraue
und die mich verantwortlich sein läßt.

Ich glaube an Jesus Christus, unseren Bruder,
der solidarisch mit den Menschen
und in Einheit mit Gott lebte,
der sein Kreuz für uns auf sich nahm,
als letzte Konsequenz seines Lebens,
im Vertrauen auf Gott.

Ich glaube an die Auferstehung Jesu,
die mir die Hoffnung eröffnet,
daß Gott alle Menschen
in seine unendliche Liebe aufnimmt.

Ich glaube an den Heiligen Geist,
der in geschwisterlicher Gemeinschaft
heilend und vergebend wirkt.

Ich glaube an die Vollendung
der Menschheit in Gott.

MARIA ENGLISCH, HANS FISCHER, ELISABETH SCHICK, HERMINE KERNIC, ELISABETH FICHTENBAUR, ALLE WIEN

Die beste Gebrauchsanweisung für unser Leben

Ich glaube an den Gott Abrahams, Isaaks und Jakobs, den Schöpfer der Welt, der uns die beste Gebrauchsanweisung für unser Leben gegeben hat. Ich glaube, daß Gott seine Menschen liebt, mit ihnen auf dem Weg ist und unter den zerstörerischen Kräften unter ihnen mitleidet.

Ich glaube an Jesus Christus: In ihm ist Gott Mensch geworden, damit endlich alle verstehen, wie wichtig wir ihm sind und wie nahe er uns sein möchte.

Ich glaube, daß Gott sich in Jesus Christus selbst geopfert hat. Jedem Menschen kann die Schuld erlassen werden, wenn er das Opfer-Geschenk Gottes annimmt – wie einen Scheck, der nur noch eingelöst werden muß. Jeder, der Gottes »Scheck« einlöst, wird im Weltgericht am Ende dieser Zeit freigesprochen werden und in einem neuen Leib, in einer neuen Welt, ohne Krieg, Schmerz und Tränen weiterleben.

Aber schon hier und jetzt können wir an dieser neuen Welt mitbauen: Gottes Heiliger Geist gibt denen, die sich für ihn öffnen, die Kraft, die im Menschen selbst und in seiner Umgebung heilende Veränderung bewirkt.

KERSTIN FURCHE, DUISBURG

Er ging mit ihnen durch die Hölle

Ich glaube an das Göttliche, das das gesamte Universum durchdringt und sich in unzähligen Erscheinungsformen offenbart.

Ich glaube, daß der Prophet Jesus allen Menschen diesen Zeitalters Richtschnur sein kann.

Ich glaube, daß er den Geist des Göttlichen in besonderem Maße ausstrahlte.

Er war überzeugt davon, daß das Göttliche den inneren Wesenskern eines jeden Menschen bildet.

Er war den Armen, Leidenden und Unterdrückten ein Freund.

Er ging mit ihnen durch jede Hölle und besaß die Kraft und die Liebe, die Vertrauenden wieder aufzurichten und zu heilen.

Ich glaube an die Realisierung von Geschwisterlichkeit zwischen allen Suchenden und über alle Grenzen hinweg, die Menschen aufgerichtet haben und immer wieder aufrichten.

Ich glaube an eine immer wiederkehrende Auferstehung des Göttlichen in der gesamten Schöpfung und an ein nie endendes Leben mit Gott und in Gott.

ELISABETH NOCKEN, GUMMERSBACH

Ich bin glücklich, ein Christ zu sein

Für mich ist der Kern der christlichen Botschaft die grenzenlose Liebe Jesu. Mit ihr bin ich seit »Kindesbeinen« auf dem Weg.

Ich habe – vor allem innerhalb christlicher Gemeinden – viel Freude, aber auch herbe Enttäuschungen erlebt. Von der Liebe Jesu getragen, habe ich jedoch auch bei bitteren Rückschlägen die Hoffnung nie aufgegeben. Inzwischen habe ich eine geistig-seelische Heimat in der alt-katholischen Gemeinde (»Kirche für Christen heute«) Bonn gefunden. Hier spüre ich, um mit Gerhard Lohfink zu sprechen, »wie Jesus Gemeinde gewollt hat«.

Ich versuche, die christliche Botschaft der Liebe im diakonischen Dienst weiterzutragen. Was ich dabei »überbringe«, strömt doppelt und dreifach zurück. Summa summarum: Ich bin glücklich, ein Christ zu sein, der sich in einer geschwisterlichen Gemeinde daheim fühlt und der auf dieser wunderbaren Basis einen neuen Weg des »Christseins« (Hans Küng) gefunden hat. Um es aber nicht zu vergessen: Publik-Forum ist mir seit Jahren eine gute Orientierungshilfe.

PAUL HEIMANN, BONN

Der durch die Schriften hindurch scheint

Ich glaube,
an Gott,
der sich dem menschlichen Denken und Fühlen fast völlig entzieht,
der aber durch die heiligenden Schriften der Menschen scheint,
der durch Dogmen nicht verdunkelt werden darf
und der die einzige Realität ist.

Ich glaube,
daß Jesus unser Bruder war,
der von Gott wußte und den Weg zu *ihm* zeigte,
der durch die Kinder und bei den Armen, den Schwachen, den Hungrigen, den Kranken und den Bedürftigen diesen Weg zu Gottes Liebe führen sah.

Ich glaube,
daß der Heilige Geist in jedem Menschen wirken kann,
der guten Willens ist,
der sich freimachen kann von Geld und Gewalt,
der Macht nicht mißbraucht
und jedem Menschen seinen ureigenen Weg zu *ihm* ermöglicht.

NORBERT PIECHOTTA, WIEHL

Ich bin neugierig auf das Leben im Tod

Ich sage »Gott«, weil mein Danken und Loben und Bitten ein Ziel sucht.

Jesus wurde getötet, weil er die bestehenden Gesetze als Spielregeln entlarvte, die bestimmte Menschen bevorteilen und andere benachteiligen.

Jesus bleibt für mich lebendig, weil die Frauen das Bewußtsein der Kostbarkeit seiner Lehren entdeckten und bezeugten.

Jesus bleibt für mich lebendig, weil er die Heiligkeit von Brot und Wein erkannte und damit dem Aufeinanderangewiesensein auf dieser Erde ein Bild gab.

Jesus bleibt für mich lebendig, weil die Faszination um seine Person auch seine Mutter einbezieht, deren Verehrung die Erinnerung an eine Göttin tradiert.

Ich bin gewiß, daß ich teilhabe an der Kraft, die wir Weisheit, Sophia und Heiliger Geist nennen, teilhabe an der Gemeinschaft allen Seins.

Ich fühle, daß ich mit diesem Wissen in der Verantwortung lebe und mein Tun und Lassen und Denken davon geleitet wird.

Ich bin neugierig auf das Leben im Tod – alles wird anders sein – ich sehne mich nach Anerkennung und Freude.

ANNEMARIE KLEFFMANN, RATINGEN

Er lebt weiter in den Herzen

Ich glaube an Gott als den Sinngebenden,
auf den alles zurückgeht und alles hinausläuft,
und an Jesus Christus,
der uns Gottes Liebe nähergebracht hat,
der erfüllt war vom Heiligen Geist,
den Mächtigen aber unbequem war
und deshalb leiden und sterben mußte.
Sie konnten ihn aber nicht töten,
weil er weiterlebt in den Herzen der Menschen.
Durch den Heiligen Geist ist eine Gemeinschaft entstanden,
die sein Anliegen weiterträgt
bis in alle Ewigkeit.
Amen.

GEORG REGNIET, STOLBERG

Zu allen Zeiten, in allen Kulturen

Ich glaube, daß Jesus ein Mensch war, der mit sich ganz identisch war und deshalb viel von Gott und den Menschen wußte.

Ich glaube, daß es einen Schöpfer-Gott gibt.

Ich glaube, daß es einen Sinn gibt.

Ich glaube, daß ich als Mensch einzigartig, geliebt und gewollt bin.

Ich glaube, daß es einen Geist gibt, der allen Menschen gemeinsam ist und der sie miteinander und mit dem, was sie Gott nennen, verbindet.

Ich glaube, daß sich Gott zu allen Zeiten, in allen Kulturen, in verschiedenen Menschen in unterschiedlicher Weise offenbart.

Ich glaube, daß es nicht möglich ist, sich ein Bild von Gott zu machen, seine Wege zu begreifen und die menschlichen Erkenntnisse über Gott zu ewigen Wahrheiten zu erklären.

Ich glaube, daß Gott in der Seele der Menschen wohnt und sie seine Stimme in ihrem Herzen wahrnehmen können, wenn sie sich nicht entfremdet sind.

KATHARINA BREMSTAHLER, HAPPURG

Ich bin ein Parteigänger Hiobs

der gekreuzigte stellt bloß, was menschen durch menschen zugemutet wird,
das macht mich zum parteigänger hiobs und seiner fragen an den
abgründigen urgrund der welt,
trotzdem empfinde ich die zuversicht, daß im vielgeliebten sohn, der
allein worte ewigen lebens hat,
die vielen zerstörten aufgerichtet und heil werden,
und ich hoffe, daß diese zuversicht nicht bloß meinem robusten
hirnstoffwechsel entspringt
oder meiner bisherigen verschonung von der feuerprobe

PETER ÖFFERLBAUER, WELS

Gott, Du bist größer

1. Gott, Du bist größer als meine Zerrissenheit und meine Sehnsucht,
größer als meine Ratlosigkeit und Angst.

2. Du bist größer als meine Verwirrung,
größer als meine Orientierungslosigkeit,
größer als meine Ohnmacht.
Du bist größer als mein Zorn und meine Wut.

3. Du bist größer als meine Zerschlagenheit,
größer als meine Müdigkeit und meine Schwermut.
Du bist größer als meine tiefe Trauer.

4. Du bist größer als mein Zögern,
größer als mein Zaudern.
Du bist größer als mein Versagen und meine Schuld.

5. Gott, Du bist größer als unsere Bilder von Dir groß sein können.
Du übersteigst alles,
bist immer noch umfassender.

6. Deine Größe erstickt nicht,
sie ermutigt;
sie verurteilt nicht,
sondern spricht frei;
sie drückt nicht zu Boden,
sondern erhebt.

7. Auf Deine sanfte Größe setze ich.
Auf Deine zarte Macht baue ich.
An Dich glaube ich.

Amen

RAIMUND HEIDRICH, MÜNSTER

Ich glaube an die Berufung der Kirche

Ich glaube an den einen Gott,
von dem alles Leben ausgeht,
zu dem alles Leben zurückkehrt.

Seine Liebe hat Gestalt angenommen
in Jesus Christus, seinem Sohn.
In ihm lebt Gott unter uns Menschen.
Sein Leben, seine Liebe, sein Leiden
sind das Maß für uns.

Er ist gestorben, wie wir sterben müssen,
und er ist auferstanden.
Unser Tod ist überwunden durch ihn.
Denn Gottes Liebe ist unsterblich.

Ich glaube, daß der Geist Gottes gegenwärtig ist
in allen seinen Geschöpfen, auch in mir.
Er wirkt in uns, wenn wir ihn einlassen.

Ich glaube an die Berufung der Kirche,
die meinem Glauben Raum und Nahrung gibt,
obwohl ich ihrem Anspruch auf Gehorsam nicht entspreche.
Ich vertraue auf die Gemeinschaft aller Menschen,
die sich verbunden wissen durch die Liebe Gottes.

Ich glaube, daß die Schuld vergeben wird,
zu der ich mich bekenne.
Ich freue mich auf unbegrenztes Leben.

EDELGARD VON DANIELS, KÖLN

Gott, Du bist anders

Gott.
Du Möglichkeitsprinzip philosophischen Denkens.

Gott.
Du transzendente Erfahrbarkeit der Theologen.

Gott.
Du caritative Gesinnung der Satten.

Gott.
Du tote Bürokratie der Ordinariate.

Gott.

Du bist anders.

Gott.
Du nichtgeschriebenes Buch.

Gott.
Du Gespräch in der Nacht.

Gott.
Du frohmachendes Lachen im Menschen.

Gott.
Du vertrautes Du zum Leben.

Gott.
Danke.

BERND KRAUSE, NAUEN

Gott lenkt alles zum Besten

Ich glaube,

daß Gott das Universum und alles, was existiert, aus dem Nichts und aus Liebe zu sich selber und seinen Geschöpfen geschaffen hat;

daß die gesamte Natur eine Manifestation der Liebe Gottes ist;

daß der Geist Gottes in jedem Ding und Lebewesen gegenwärtig ist;

daß Gott jeden Menschen mit ganz persönlicher Liebe liebt;

daß Gott in jeder Situation, auch in den uns unverständlichen und grausamen Werken der Menschen, seine Hand im Spiel hat;

daß alles, was uns begegnet, sowohl der Menschengemeinschaft wie jedem einzelnen, einen tiefen Sinn hat;

daß Gottes Schweigen auch ein Sprechen ist, das wir nur (noch) nicht verstehen;

daß die Myriaden von »Zufällen«, die uns begegnen, von Gott so gelenkt und gefügt sind zu unserem Heil;

daß der gesamte Mikro- und Makro-Kosmos von Gottes liebender Gegenwart durchdrungen ist;

daß Gott alles zum Besten lenkt;

daß Gott sich in Jesus geoffenbart hat als der schlechthin Liebende;

daß dieses unser Leben eine Vorstufe ist für eine neue Dimension, in die wir bis zu unsrem Tod langsam hineinwachsen (sollen);

daß Gott die Kirche als eine arme und anspruchslose Gemeinschaft gewollt hat und daß er – trotz all ihrer Schwächen – in ihr wirksam gegenwärtig ist;

daß unser Geist ein Abglanz des Geistes Gottes ist.

GISELA FEIGE, WARBURG

Fragen nach dem Woher und Wohin

Ich glaube, weil ich zweifle ...
Ich zweifle, weil ich glaube ...

Ich glaube,
nicht an Rom, an Byzanz und Mekka,

sondern an Jahwe, Allah und an den Gott,
der in Jesus die Welt verändern wollte,

der mich fragen läßt nach dem Woher und Wohin,

nach Frauen und Männern, Alten und Jungen,
die mitgehen und etwas bewegen wollen,

die Verantwortung tragen und lächeln,
wenn etwas gelungen ist,

der mich nicht abspeist mit Antworten
sondern meine Fragen aufnimmt,

dessen Geist ausstrahlt und der leben will

jeden Tag, jede Stunde,

und der Visionen zuläßt.

Dann darf ich zweifeln, und ich kann glauben.

HANS-JOACHIM BURGERT, KEHL

Jesus, mein Bruder

Ich glaube an Gott wie an einen Wächter, der mich beschützt und mich bewacht.

Ich glaube an Jesus wie an einen großen Bruder, der mir auf dem langen Weg durchs Leben vorangeht.

Ich glaube an den Heiligen Geist wie an eine innere Stimme, die mir sagt, wann ich lieber etwas tun oder lassen sollte.

ARNE SCHNITT, MORINGEN (10 JAHRE)

Er zwingt sich nicht auf

Ich glaube an Gott,
die uns Mutter und Vater ist,
die uns als Frauen und Männer geschaffen hat
nach ihrem Abbild.
An einen zärtlichen Gott glaube ich,
der sich uns nie aufzwingt,
aber auch nie aufhört, uns das Angebot seiner Liebe zu schenken.

Ich glaube an Gott,
die uns empfindsam und verletzbar geschaffen hat
und uns so die Möglichkeit gab,
im Umgang mit uns selbst und mit anderen Behutsamkeit zu entwickeln.

Ich glaube an einen Gott in drei Personen,
einen Gott der Beziehung,
der mir den Wunsch nach Gemeinschaft geschenkt hat,
der mir die Fähigkeit gab,
mich zu einer eigenständigen Persönlichkeit zu entwickeln
und so frei auf andere zugehen zu können.

Ich glaube an Jesus Christus,
der Männer und Frauen um sich sammelte,
mit ihnen lebte
und ihnen den Auftrag gab, seine Botschaft weiterzuverkünden;
der die Tabus seiner Zeit durchbrach
und auf gesellschaftliche Normen keine Rücksicht nahm.

Ich glaube an Jesus Christus,
der Stärke und Schwäche leben konnte,
der immer ganz er selbst war,
der Angst und Schmerzen durchlitt
und sich in seiner tiefsten Not von Gott verlassen fühlte.

Ich glaube an die heilige Ruach,
den weiblichen Geist Gottes,
den Geist der Liebe und des Lebendigseins, der in allen Menschen wirkt.

Ich glaube, daß Gott mich will,
mich, so wie ich bin.
Ich glaube,
daß Gott keine Bedingungen stellt und keine Vorleistungen verlangt,
und daß Gottes Liebe so groß ist, daß sie alle Menschen umfaßt.

Ich glaube an die Gemeinschaft der Menschen,
die Gott in ihrem Leben Raum geben,
an die Menschen, durch die Gottes Liebe spürbar wird.

Ich glaube an die Gemeinschaft von Menschen,
die sich betreffen lassen von dem, was um sie herum geschieht.

Ich glaube an eine Gemeinschaft von Menschen,
in der es nicht mehr Einheimische und Fremde gibt,
nicht mehr Mann und Frau,
nicht mehr Klerus und Laien,
sondern wo alle eins sind in Christus Jesus.

Amen.

CHRISTINE AUER, STUTTGART

»Und wir spielten Ragtime, denn das ist die Musik, nach der Gott tanzt, wenn es niemand sieht«

VON MAGDALENE BUSSMANN

Der Titel ist ein ungewöhnliches Motto für ein außerordentliches Projekt: 77 Frauen und 85 Männer – Alter und Konfession sind nicht erkennbar – formulieren ihr ganz persönliches Glaubensbekenntnis. Bewegend, authentisch, theologisch ungewöhnlich ist der Ertrag dieser »Glaubensbekenntnisse von unten«, in denen sich gleichzeitig ein persönlich verantworteter, mündig gewordener Glaube ins Wort bringt und eine Dimension von gläubiger Christlichkeit aufscheint, die sich großenteils entfernt hat von den kirchlich dogmatischen Sprachschablonen.

Mit der Überschrift nach Alessandro Baricco, »Novecento«, sollen diese undogmatisch-eigenwilligen Annäherungen an zentrale Glaubenswahrheiten auch in ein unkonventionelles Sprach-Bild gefaßt werden. In drei Punkten möchte ich meinen Eindruck hinsichtlich dieser Glaubenszeugnisse beschreiben, und zwar werde ich

1. ihre inhaltlichen Besonderheiten resümieren, möchte
2. eine Verortung in der schier unübersehbaren Landschaft von kirchlich oder auch nichtkirchlich gebundener Religiosität versuchen, und
3. werden diese Glaubenszeugnisse in Bezug gebracht zur kirchlich-lehramtlichen Sprachregelung. Die Zitate sind dabei, soweit nicht anders gekennzeichnet, den hier vorliegenden Bekenntnissen entnommen.

● »Der Glaube an Gott entzieht sich der Eindeutigkeit.« Diese Aussage in einem der Credos bringt die Vielstimmigkeit und -fältigkeit auf den Punkt, in der Menschen heute ihren Glauben ins Wort und ins Bild bringen. Oftmals orientiert am trinitarischen Gottesglauben, werden existentiell, biographisch und theologisch durchgefärbte Annäherungen und Suchbewegungen formuliert: Gott als Liebe, als universaler Lebensgrund, als Hoffnung und Kraft bei den Menschen, Gott, nicht in Kirchen und Konfessionen einzugrenzen, Gott als Vater und Mutter - Metaphern, in denen Dankbarkeit und Vertrauen in das bedingungslose Angenommensein zum Ausdruck kommen. Gleichzeitig aber scheut sich in ihnen so etwas wie »Gottesscham«, zu eindeutig und sicher die alles umfassende und alles übersteigende Wirklichkeit »Gott« zu benennen.

Jesus Christus der Bruder, der uns Menschen Gottes Nähe in unüberbietbarer Weise nahebrachte und dessen Leben und Sterben sich als einzigartiges Zeugnis von Gottes Liebe und Solidarität erweist, als Hoffnung und Zusage für uns: Dieses Kind Gottes provoziert einen Glauben, der sich in die Belange dieser Welt einmischt, der Solidarität mit allen Menschen als Schwestern und Brüder Gottes zur Folge hat, der parteilich sein muß gegen jedes Unrecht. Die soziale Dimension des Glaubens, sensibel für die Mitmenschen, bewußt, daß »Glaube ohne Werke« tot ist, verantwortlich für die Gestaltung einer menschenwürdigen Welt und Zukunft, schärft ein: Glaube muß Gestalt annehmen in je meiner Zeit und meiner Welt.

Die Freundin Geist, Gottes Ruach, »die das Feuer der Lebendigkeit weckt«, »die nicht erlaubt, daß alles beim alten bleibt«, inspiriert Menschen, in Gemeinschaft den »Aufstand für das Leben« zu riskieren.

Ein Großteil der Credo-Texte braucht keine »dogmatische Formulierungshilfe«. Beeindruckend ist, wie kompetent und prägnant formuliert wird, welche Glaubenswahrheiten als sinnstiftend und lebensqualifizierend erfahren werden. Die Sprache des kirchlichen Credo wird offensichtlich nicht mehr als hilfreich für den eigenen Glauben erfahren und wird daher eigenständig biographisch umgesetzt in unterschiedliche sprachliche Formen, oftmals weit weg von der traditionellen kirchlichen Verkündigungs- und Bildersprache.

Menschen sind imstande – so mein Fazit –, ihren Glauben eigenständig und verantwortet zu formulieren und aus dem Fundus überlieferter Wahrheiten jene auszusondern, die ihr Leben sinn-voll qualifizieren, die »welthaltig« sind. Oder aber sie sind imstande, Glaubenshaltungen in spirituelle Dimensionen und Sprachspiele hineinzugießen, die im kirchlich-christlichen Umfeld nicht bekannt sind.

Nachdenklich macht, daß die Kirche als Gemeinschaft der Glaubenden so gut wie gar nicht vorkommt, und wenn, dann wird die konkret existierende Kirche bei der Entfaltung eines personalverantworteten Glaubens eher als hinderlich erfahren. Als positive Größe bedeutet sie die Gemeinschaft derer, die jenseits aller konfessionellen und religionsbedingten Schranken an die unbedingte Liebe Gottes zu den Menschen glauben und dieser Liebe in Wort und Tat Ausdruck verleihen.

● »Willkommen im Leben«, in dem Gott Ragtime tanzt. Die Kirchen in unserer Gesellschaft haben das Monopol auf Religiosität, Sinnvermittlung und -stiftung verloren – so die einhellige Meinung nicht nur der Religionssoziologie.

Der Markt der religiösen (und pseudoreligiösen) Sinnanbieter ist unüberschaubar: »Das Spektrum reicht von synkretistischen (wild verrührten) Mythologien über esoterische Lebenstil-Szenarios bis hin zu fundamentalistischen Kleinaktionären von Christentum und Islam. Es umfaßt religiös getarnte Psychokonzerne à la Scientology ebenso wie die Anhängerschaft von Geistheilern«, notiert Hans-Joachim Höhn in seinem Buch »Zerstreuungen. Religion zwischen Sinnsuche und Erlebnismarkt« (Düsseldorf 1998).

Religion erscheint nur noch im Plural, die Konturen des Religiösen sind nicht mehr eindeutig zu zeichnen, der Pluralisierung unserer Gesellschaft entspricht eine vielfältige Ausgestaltung des Religiösen.

In den Biographien der Menschen spiegeln sich die Veränderungen in der religiösen Landschaft wider: Die Kirchen prägen nicht länger das Leben der einzelnen von der Wiege bis zur Bahre, sie haben die normierende Macht über die Herzen und die Köpfe der Menschen verloren, Frauen und Männer gehen eigene Wege, was die Gestaltung ihres religiösen Lebens betrifft.

Gefragt sind nicht mehr geschlossene Sinnsysteme mit eigenen Sprach- und Verhaltensnormen, die eine »Sonderwelt« bilden, nicht integriert und integrierbar in das »normale« Alltagsleben. »Die aktuelle Nachfrage nach

Religion äußert sich vor allem in der Suche nach einem ›Lebenswissen‹, nach einer neuen ›Lebenskunst‹, welche die Grundkonflikte und Reifungskrisen des Menschen kreativ zu bewältigen hilft, seine Lebenspraxis sinnhaft strukturieren kann und die Möglichkeit zur Vergewisserung der eigenen Identität gibt. Vom Religiösen erwartet man Auskunft auf die Frage, was es mit dem Leben eigentlich auf sich hat, worauf man es gründen kann, um Stand und Stehvermögen im Dasein zu gewinnen.« So nochmals Höhn.

Offensichtlich wird den Kirchen nicht mehr zugetraut, daß sie über dieses Lebenswissen verfügen, zumindest nicht, daß sie es den Menschen als hilfreiches, ihr Leben hier und jetzt qualifizierendes vermitteln können. An diesem Prozeß der spirituellen Auszehrung der Kirchen sind deren Repräsentanten nicht unschuldig. Denn solange es nicht gelingt, das Sinn-, Hoffnungs- und Lebenspotential der christlichen Botschaft sprachlich und symbolisch in die Lebenskontexte hier und jetzt lebender Menschen zu übersetzen, solange die Kirchen nicht imstande sind, den Prozeß der religiösen Pluralisierung auch als Chance für eine »Neuinkulturation« der biblischen Botschaft unter den Bedingungen der Moderne zu begreifen, werden die Kirchen »Sonderräume« für Kult und Rituale bleiben. Vielleicht tanzt Gott doch lieber Ragtime draußen, wo das Leben spielt?

In den hier vorgelegten Glaubensbekenntnissen spiegelt sich dieser Prozeß der Individualisierung, Pluralisierung und Ent-Institutionalisierung des persönlichen Glaubens wider. Glaube wird geschildert als das, was mich unbedingt angeht, was Sinn, Hoffnung, Angenommensein und soziale Handlungskompetenz entbindet.

Einige Bekenntnisse kommen ohne jede Bezugnahme auf explizit christliche Vorgaben aus, zum Beispiel: »Ich glaube an die Existenz göttlicher Schwingungen; ich glaube an die Resonanzfähigkeit für das Göttliche in allem Lebendigen.« »Ich vertraue der Kraft, die allem Lebenden innewohnt.« Sind sie darum nicht christlich, gar esoterisch? Spricht nicht aus ihnen ein Ergriffensein von einer göttlichen Kraft, die in unseren dogmatisch festgelegten Gottesvorstellungen keinen Raum haben darf?

Völlig unproblematisch ist die Vorstellung, daß Gott als Mutter und Vater angesprochen werden kann, daß die Ruach Gottes eben weibliche Züge trägt, ebenso daß wir »in aller Menschen Sprachen ... verehren das eine Göttliche als das alles Begreifen transzendierende Wunder der Achtung und der Verständigung mit allen.« Sprengen solche Aussagen nicht die Begrenztheit kirchlicher Sprachregelungen und bringen auf – ungewohnte Weise – zum Ausdruck, daß Gott das All durch sein machtvolles Wort trägt (Hebräerbrief, Kapitel 1), daß von Gott in tausend Namen die Rede sein darf? Die räumliche und sprachliche Enge des kirchlichen Credo wird in diesen Bekenntnissen gesprengt und überstiegen. Glaubenswahrheiten und -erfahrungen haben sich emanzipiert aus kirchlicher Vormundschaft. Der jeweilige Lebenskontext, geformt durch individuelle und soziale Faktoren, ist gewissermaßen der Mutterboden, in dem diese persönlichen Credos geerdet sind. Doch sind sie nicht beliebig oder unverständig auswählerisch, sie sind gelungene Versuche, die eigene Biographie aus dem Angesprochensein von einer göttlichen Wirklichkeit zu deuten und dieser »Ergriffenheit« sprachliche und bildhafte Gestalt zu verleihen.

● »Die Worte des Credo sind mir sattsam bekannt, dennoch unverständlich.« Diese Kritik an dem kirchlichen Glaubensbekenntnis ließe sich vielfach abwandeln. Deutlich wird aus den persönlichen Credos ebenso wie an der geübten Kritik, daß ChristInnen durchaus imstande sind, ihren Glauben eigenständig und theologisch kompetent zu artikulieren und daß diese Bekenntnisse ihren je eigenen biographischen »Sitz im Leben« haben. Darüber hinaus verdeutlicht eine Fülle von Bekenntnissen, daß sich auch im Kontext Kirche eine Pluralisierung von Glaubenswahrheiten bereits vollzogen hat. Biographie und Glaube, Umwelt und Religiosität, Lebenskompetenz und Spiritualität sind keine getrennten Lebens-Segmente, sie bilden den Auslegungskontext, in dem die biblische Botschaft neue Konturen und Ausdrucksformen gewinnt.

Diese Bekenntnisse »von unten« bilden eine Provokation an die Kirche »von oben«, denn in ihnen artikuliert sich der »sensus fidelium« (Verstand und Geist der Gläubigen) unübersehbar und unüberhörbar, markiert eindeutig die Kluft, die besteht zwischen den amtlich verordneten dogmatischen Sprachregelungen und der Kompetenz der ChristInnen, authentische AuslegerInnen ihres Glaubens zu sein. Ein Annehmen und Ernstnehmen dieser religiösen Fähigkeiten und das Aufnehmen in alle Lebensvollzüge der Kirche hinein hieße, der Kirche als Gemeinschaft aller Gläubigen, dem gemeinsamen Priestertum aller Getauften Glaubwürdigkeit und neue Überzeugungskraft zu verleihen. Um es mit den Worten Volker Drehsens zu sagen: »Die Kirche muß auf den Zwang formulierter Bekenntnisse verzichten und ihr Verlangen nach dogmatischer Bindung auf das Minimum beschränken, das nötig ist, um Einheit in der Vielfalt zu erhalten« (Neuzeitliche Konstitutionsbedingungen der Praktischen Theologie).

MAGDALENE BUSSMANN IST PROMOVIERTE
KATHOLISCHE KIRCHENHISTORIKERIN UND LEBT IN ESSEN

Der die Liebe ist und die Ohnmacht

I.

Ich glaube an Gott,
der die Welt durch die Evolution erschaffen hat,
der den Menschen die Freiheit gibt, die Schöpfung zu bewahren oder zu zerstören,
der sich mit den Armen, Schwachen und Leidenden identifiziert und am Leid der Welt mitleidet,
der die Liebe ist und die Ohnmacht und der uns im andern Menschen begegnet,
den wir Vater und Mutter nennen dürfen und der uns zuhört, wenn wir zu ihm reden.

II.

Ich glaube, daß Jesus ein Mensch war wie du und ich, aber doch ein besonderer Mensch,
von Johannes getauft,
begeisterte er seine Mitmenschen durch sein Reden und Tun,
er predigte und lebte die Nächsten- und die Feindesliebe,
er hatte ein tiefes Vertrauen zu Gott und vielleicht wollte er der Messias werden.
Als er die Mächtigen in Jerusalem kritisierte, geriet er in ihre Fänge und wurde, viel zu jung, gekreuzigt und ermordet.
Da er das geahnt hatte, stiftete er das Abendmahl, das wir noch heute zu seinem Gedächtnis miteinander feiern.
Nach seinem Tod machten seine Jüngerinnen und Jünger weiter und gaben nicht auf,
so geschah Ostern, so entstand das Christentum.

III.

Ich glaube, daß die Kirche der Ort ist,
wo Gottes Wort weitergegeben werden soll,
aber nicht nur dort,
die Kirche in der Nachfolge Christi sich der Armen, Schwachen und Leidenden annehmen soll und also politisch handeln soll,

Christsein nur im Miteinander gelebt werden kann
und gleichzeitig christliche Gemeinde sehr vielfältig aussehen darf,
das Christentum mit den andern Religionen zusammen einen Beitrag zum Weltfrieden leisten soll,
und ich glaube, dass zum Glauben auch der Zweifel gehört.
Amen.

HANS CHRISTIAN METZGER, BAD SACHSA

Vertrauen auf die Lebenskraft, die Gott genannt wird

Ich bin ein Mensch im Werden, ich bin Teil einer Menschheit, der Natur des Planeten Erde und des Kosmos im Werden.
Ich weiß nicht, wie meine und meiner Mitwelt Entwicklung sein und worauf sie hinauslaufen wird,
aber ich vertraue darauf, daß in mir und meinen Mitmenschen sowie in der Natur und im gesamten Kosmos eine Lebenskraft wirkt, die ich in meiner kulturellen Tradition Gott nenne.
Ich glaube deshalb, daß Gott mein und alles Leben so wachsen läßt, daß es langfristig seine jeweilige Aufgabe in der Ko-Evolution alles Lebendigen erfüllen kann. Er macht mir meine Stärken und Schwächen bewußt und ermöglicht es mir, Liebe zu geben und zu empfangen.
Ich glaube, daß Jesus in meiner kulturellen Tradition Maßstäbe für mein Verhalten zum Gott des Lebens und der Liebe, zu meinen Nächsten und Feinden, auch zu Menschen anderer kultureller Traditionen gesetzt hat, die wir alle weiterentwickeln. Sie machen mir den jeweiligen größeren Zusammenhang bewußt und ermöglichen mir Entscheidungen aus der Sicht auf das Ganze.
Ich glaube, daß aus dem Geiste Jesu eine Gemeinschaft der Menschen zusammenwächst, die im größeren Zusammenhang denken und handeln, so, als wäre in ferner Zukunft ein Leben in Gerechtigkeit und Frieden

HANS-MARTIN SCHMIDT, KÖLN

Der Glaube weiß nichts

Ich weiß nichts von Gott,
dem Vater, dem Allmächtigen,
dem Schöpfer des Himmels und der Erde.

Und nichts von Jesus Christus,
seinem eingeborenen Sohn, unserem Herrn,
empfangen durch den Heiligen Geist,
geboren von der jungen Frau Maria,
gelitten unter Pontius Pilatus,
gekreuzigt, gestorben und begraben,
hinabgestiegen in das Reich des Todes,
am dritten Tage auferstanden von den Toten,
aufgefahren in den Himmel;
er sitzt zur Rechten Gottes,
des allmächtigen Vaters;
von dort wird er kommen,
aufzurichten die Lebenden und die Toten.

Ich weiß nichts von dem Heiligen Geist,
von der heiligen Kirche,
von der Gemeinschaft der Heiligen,
Vergebung der Sünden,
Auferstehung der Toten
und vom ewigen Leben

Amen – Credo – Glauben heißt, nichts wissen.

RAPHAEL OHLMS, SEELZE

Freude, Lust und Liebe: Musik ist mein Credo

Credo in unum Deum – mit dem Klang dieser Worte verbindet sich für mich die Musik vieler Jahrhunderte. Musik, die immer mehr sein wollte als Liturgie. Dies machte bereits im 2. Jahrhundert dem Kirchenvater Clemens von Alexandria Angst. Gegen das Tanzen und Musizieren nach Herzenslust verordnete er das Psalmensingen. Die Herzenslust hat sich aber als stärker erwiesen: gegen die Knebelungen katholischer Musikpolitik hat sich, mit der Schubkraft der Renaissance und des Protestantismus, bewahrheitet, was im Credo steht: »Wir glauben an den Heiligen Geist, der Herr ist und lebendig macht.« Dieses »et vivificantum« ist für mich die Legitimation eines jeden Credo: lebendig machen und leben lassen.

In völliger Übereinstimmung mit der Physik der Töne ist Musik das schwingende Element, das wir ständig einatmen. Der »Heilige Geist« ist für mich das Bild für eine Luftschwingung, die im Menschen zum Klang wird. Damit wird die Musik zu einem Glaubenssymbol.

Die Worte des Credos sind mir sattsam bekannt, dennoch unverständlich. Aber zum Credo finde ich einen Weg in der Gemeinschaft von Menschen, die sich durch die religiöse Unmittelbarkeit zum Beispiel der Bachschen H-moll-Messe von der Wirkungskraft einer anderen Welt überzeugen lassen. So kann ich theologischerseits gut nachvollziehen, wenn Hans Küng bei Mozart »Spuren der Transzendenz« findet. Eugen Biser bemerkt in Bezug auf Beethovens »Missa Solemnis«: »Wenn ich diese Töne höre, werde ich der Erdenschwere enthoben.« Nichts weniger als das muß ein Credo bewirken. Das sonntägliche Herunterbeten kann es nicht sein. Es muß sich mit Freude, Lust und Liebe verbinden, um Leben zu werden und die »Auferstehung der Toten« und das »ewige Leben« zumindest erahnbar zu machen. Erst auf diesem Boden wird es mir möglich, das Leid in unserer Welt zu ertragen und mein Möglichstes zu tun, um Trost, Hilfe und Hoffnung zu ermöglichen.

PAUL MERTENS, BERLIN (KOMPONIST)

Deshalb also bin ich

I relate, therefore I am.
Ich glaube,
hoffe,
liebe, also bin ich.
Ich traue dem Namen, dem *Du*, der für mich da ist,
auf daß ich für andere und wir alle füreinander da sind.

Ich glaube Gottes Fingerzeigen:
den Blumen und Vögeln,
der Musik, dem Tanz,
dem Brot, dem Wein und den Angesichtern.
Denn ich sehe, wie das Licht unsichtbar
dem Grün der Natur Leben wirkt
in allen Blättern und so meiner Seele.

Euch glaube ich kaum: Stimmen
der Mächtigen und der Werbetrommler,
der Kriegstreiber und Mammonsdiener,
der verzagten und geizigen Spießer.
Auf Euch höre ich nicht: Stimmen in mir
der Vorwürfe und Menschenfurcht,
der Sorge und Selbstzerfleischung.
Vielmehr glaube ich den Augenblicken glückseliger Klarheit
als den schwarzen Tagen.

Daß die Erde mutterseelenallein im All umherirrt
und die auf ihr dem Rad des Zufalls ergeben sind,
glaube ich nicht.

Ich glaube an den gütigen Gott, der Mensch für uns wurde,
an der Welt Leiden teilgenommen und sie durchgehalten hat,
auf daß wir ihm nachfolgen und Anteil haben
am Elend
sowie der Herrlichkeit,
irgendwann ein für allemal.

Ich glaube, dass Er mich auf dem Weg
aus der Angst und jeglicher Knechtschaft
in die Freiheit begleitet.

Ich will mich nicht ergötzen
am Ego und Individuumsgetue,
am Marktgeschrei und meiner Nachfrage
an Wissenschaft, Fortschritt und Schnelligkeit.
Sie machen der Welt den Garaus.

Ich glaube, daß es genug gibt und
daß Gemeinschaft möglich ist im Miteinanderteilen
von Yams und Brot, Reis und Mais und Wein,
von Kapital und Arbeit, von Freude und Einsichten
und von Kummer und Leid – fünftausendmal.

Ich glaube, daß die Versprechen vom guten Reich Gottes
zuerst den Armen und den Kindern gelten.
Ich glaube senfkornsamengroß, daß Gott meinem Unglauben abhilft.
Und daß die Stille Wunder birgt.
Ich glaube, daß mich das durchsichtige Eis trägt und
die Hängebrücke zwischen den Baumkronen hält.
Und daß sich der Fluß endlich
aus dem engen tiefen Tal
ergießen wird in die Weite des Deltas
und hinein in die Fülle der
Liebe.

Amen

CHRISTIAN KERCHER, ACCRA (GHANA)

Der in unserem Herzen aufersteht

Ich glaube an Gott, der sich geschichtlich in Christus offenbarte und der gegenwärtig in jedem Menschen lebendig werden kann. Für ihn persönlich und für die Mitmenschen. »Was ihr dem geringsten meiner Geschwister getan habt, das habt ihr mir getan«, meint, daß wir miteinander in Dank, Lob, Fürbitte und Leid verbunden sind.

Ich glaube an Gott, der uns die Freiheit schenkte, mit ihm gegen Leid zu kämpfen wie Jakob mit dem Engel. Wie Jakob dürfen wir auf Gottes Segen, Zuspruch und Ermutigung hoffen.

Ich glaube an Christus, den Auferstandenen in unserem Herzen. »Was sucht ihr den Lebenden bei den Toten?« Er ist wie ein Lebensbaum, der uns Schatten spendet und uns Erbarmen schenkt, mit unserem Schatten fertigzuwerden.

HELMA SCHULZE SÜDHOFF, COESFELD

Auch wenn es viele Leben dauert

Ich habe das Ur-Wissen um die Existenz des Vaters, der Liebe, und seines erstgeborenen Sohnes, der aktiven, verschenkenden, schöpferischen Liebe. Doch ich erlebe mich in der Verbannung und fern von den Maximen seines Reiches. Ich bin in der Hand von Mächten, die das Prinzip Egoismus gegen Gott aufgebaut haben. Sie geben mir meinen biologischen Körper, mein Nützlichkeitsdenken, meine Versicherungspolicen und mein Geld.

Doch mein Herz und seine Sehnsucht haben sie nicht kleingekriegt! Vater, ich bin doch dein Kind! Du wirst mich nach Hause führen, auch wenn es viele Leben dauert. Und du wirst alle weich lieben und alle Tränen trocknen.

Komm, du Sohn, daß sein Name wieder geheiligt werde!
Sprich dein mächtiges Amen – So sei es!

HANS-GERD HAMACHER, NEWEL

Einer von Milliarden Menschen

Ein Atemzug im Lauf der Jahrmillionen
Ein kleiner Punkt in dem Weiten des dunklen Universums
Einer von Milliarden Menschen.

Und jemand spricht:
Ich habe Dich gewollt,
Und Du darfst mich Vater nennen.
Ich sorge für Dich
Und wenn Du es zuläßt, kannst Du mich spüren.
Unfaßbarer Gott,
Wir sind Dir so wichtig,
Daß Du uns Deinen Sohn gesandt hast.
Wir haben ihn hingerichtet,
Und doch können wir ihm jeden Tag neu begegnen.

Durch ihn sprichst Du zu uns,
Durch ihn können wir Dich in uns haben.
Du schenkst uns Deine unmittelbar Nähe
Und sprengst alle unsere Grenzen.

Du kennst unsere Schwächen
Und läßt uns nicht fallen.
Dein Geist gibt uns Orientierung und Kraft.
Du schenkst uns die Nähe zu den anderen Menschen
Und läßt uns Dir gemeinsam näher kommen.

Du erfüllst unsere Hoffnung
In der Tiefe der Nacht.

ULI GERTH, MAINZ

Daß wir alle eins seien

Sehr geehrte Redaktion,

seit Ihrem Credo-Projekt habe ich das Glaubensbekenntnis am Sonntag bewußter mitgesprochen, um festzustellen, ob da irgend eine Aussage wäre, die man eigentlich nicht so glaubt. Als Ergebnis muß ich festhalten, daß alle Aussagen, wie sie für die Menschen vor langer Zeit aufgeschrieben und ins heutige Deutsch übersetzt wurden, auch heute noch so gesprochen und geglaubt werden können. Die Grundwahrheiten haben sich doch nicht verändert, und wenn unsere heutige Ausdrucksweise auch vielfach anders ist, so ist das durchaus tolerierbar. Selbst bei dem »eine heilige, katholische Kirche« brauche ich nicht zu stocken, da heilig für »von Gott gegründet« steht und ich vor 50 Jahren im Gymnasium gelernt habe, daß das Wort »katholisch« aus dem Griechischen kommt und »über das Ganze hin« bedeutet.

Natürlich kann dieses gemeinsame Glaubensbekenntnis nur den engsten Rahmen abstecken und jeder Christ wird darüber hinaus noch ganz persönliche Gotteserfahrungen haben, weil Gott jedem Menschen einen eigenen Geist gegeben hat und daher im Detail immer wieder anders erfahrbar sein wird.

So glaube ich zum Beispiel an die reale Existenz eines von Gott geduldeten Widersachers, eines sehr intelligenten Geistes, der vor 2000 Jahren schon bei Jesus Christus auf der Zinne des Tempels und auf einem hohen Berg sein Glück versucht hat und auch heute noch unermüdlich tätig ist und die Einheit der Christen zu verhindern sucht. Das babylonische Sprachgewirr in den Aussagen über Gott durch die vielen christlichen Religionen mit ihren unzähligen Sekten bezeichnet er dabei harmlos als Vielfalt des Glaubens, wohlwissend, daß wir Christen vor der Welt nur dann stark sind, wenn wir in der einen Zunge des Heiligen Geistes reden. Gerade an Pfingsten haben wir wieder erfahren, daß uns dann auch heute noch jeder verstehen würde, so wie die Apostel schon vor 2000 Jahren verstanden worden sind.

Christus hat seinerzeit den Wunsch geäußert, daß wir alle eins seien. Einen ernsthaften Jünger werde ich also daran erkennen, ob er diesen Wunsch nach Kräften zu erfüllen sucht oder nicht, wobei es egal ist, welcher Couleur sein Christsein ist. Möge also Ihr Anstoß, unser Glaubensbekenntnis bewußter zu sprechen und dann auch zu leben, der ökumenischen Bewegung dienen.

ULRICH ERTL, GILCHING

Urgrund und Sehnsucht

Ich glaube an Gott,
Vater und Mutter,
Urgrund und Sehnsucht
allen Seins.
Ich glaube an Jesus
den Menschensohn,
in dem Gott uns sein Antlitz zeigte.
Durch ihn wies Gott der Welt
den Weg aus Verstrickung
und Sünde,
den Weg des Friedens
und der Liebe.
Er ging Gottes Weg
bis zur letzten Konsequenz.
Nicht Tod und Vernichtung
waren das Ende,
sondern Leben.
Ich glaube an Gottes Geist,
der wirkt,
wo Menschen guten Willens
ihm Raum geben.
Ich hoffe auf ein Leben
nach dem Tode.

ELISABETH WEGMANN, BIELEFELD

Geborgen in der Liebe

Ich glaube, daß Gott
die schöpfende Kraft allen Lebens ist.
Gott hat mich so geschaffen,
wie ich bin,
weil ich so gebraucht werde.

Jesus Christus, mein Bruder,
hat mir ein Beispiel
fürs Leben gegeben

Er mußte leiden und sterben,
weil Menschen nicht begreifen konnten,
was Gott Wunderbares für sie tat.

In seiner Auferstehung zeigt sich
die Menschenfreundlichkeit Gottes.
Gott läßt mir Gerechtigkeit widerfahren –
und mir wird Recht gesprochen.

Ruach, Geist Gottes, umweht mich.
In Liebe bin ich geborgen
und kann mit anderen Gemeinschaft haben und erfahren,
heute und in Ewigkeit.
Amen.

CORNELIA RENDERS, HARDEGSEN

Tief in mich hineinhorchen

Ich glaube an Gott, weil mein Glaube an Gott stimmig ist mit meiner Grundstimmung, mit meinem Lebensgefühl: Ich spüre, ich fühle mich getragen und zutiefst geborgen. Mich erfüllt ein Grundgefühl des Vertrauens meinem persönlichen Leben, aber auch dem Leben überhaupt gegenüber. Ich glaube an Gott, weil ich spüre, weil ich gewiß bin – wenn ich in mich hineinhorche, tief in mich hineinspüre –, dass Gott in mir wohnt und daß dieser Gott mir sagt: Du bist mein geliebter Sohn, an dem ich mein Wohlgefallen habe; ich bin für dich da; auch wenn Menschen dich vergessen, verleumden und ausgrenzen, ich, dein Gott, vergesse dich nicht; auch wenn dein Herz dich anklagt, wisse, ich, dein Gott, bin größer als dein Herz. Ich glaube an Gott, weil mein Glaube an Gott mir die Verheißung zusichert: Sei gewiß, ich bin bei dir alle Tage bis zum Ende der Welt; weil mein Glaube mir eine große Hoffnungsperspektive eröffnet für die Zukunft über den Tod hinaus. Jesus, der Christus, ist heimgekehrt, um uns eine Wohnung zu bereiten. Wohnung ist für mich ein mit vielen positiven Gefühlen verbundenes Wort. Diese Zukunfts-Erwartung bedeutet für mich Trost und Hoffnung ... und ein Wiedersehen mit lieben Menschen.

Ich glaube an Gott, weil er mir liebend zugewandt ist, mir Verantwortung überträgt, ja zutraut. Und dieser mein Gott ist eine positive Triebfeder für einen positiven, engagierten Einsatz für gelingendes Leben der Menschen und für eine humanere und gerechtere Welt. Ich glaube an Jesus, den Christus, in dem Sinn, daß seine Art zu denken, zu sprechen und zu handeln, seine Art, mit den Menschen umzugehen, und sein unerschütterliches Gottvertrauen für mich der Weg ist, zu einem erfüllten, geglückten Leben zu finden.

ALFONS BRÜLS, AACHEN

Der Schlüssel-Bund für das Leben

Der Schlüssel des christlichen Glaubens ist die Auferstehung Jesu. Aus diesem Blickwinkel sind die Evangelien geschrieben, und sie wurde das Fundament des Glaubens der Urgemeinde. Die Auferstehung Jesu gibt uns die Perspektive, aus der auch wir das Leben als Christen betrachten. Wenn wir die österlichen Erfahrungen der Evangelien als Basis des christlichen Glaubens ernst nehmen, dann wohnt darin für Frauen eine wichtige Ermutigung und Beauftragung.

Gott, der Liebhaber des Lebens, weiß um die besondere Lebenssensibilität der Frauen. Deshalb erwählte Gott Frauen am Dreh- und Wendepunkt der Lebensgeschichte Jesu. Denn Frauen sind Teilhaberinnen der schöpeferischen Lebenskraft Gottes. Sie bringen das Leben hervor. In ihrem Lebens-Werk offenbart sich immer wieder Gottes schöpferische Kraft. Durch ihr Lebens-Werk schafft sich Gott voller Hoffnung Ebenbilder.

Frauen, Mit-Schöpferinnen Gottes, sind es, denen Gott zuerst die Botschaft des neuen Lebens anvertraut. In den Freundinnen Jesu kann der Keim der Hoffnung zuerst aufgehen. In ihnen richtet sich zuerst das geknickte Rohr der Hoffnung auf und die Flamme der Liebe zum Leben leuchtet für sie neu auf. Die Treue bis in die Zonen des Todes und die über den Tod hinaus reichende sorgende Liebe sind der Nährboden, der empfänglich ist für die Pflanze der Lebenshoffnung.

Nicht theologische oder spirituelle Anstrengungen sind Voraussetzung des österlichen Glaubens, sondern die Liebe, die trauert und verzweifelt an den Mächten des Todes. Aber diese ins Leben verliebte Liebe findet sich nicht ab mit dem, was geschehen ist oder geschieht, sondern sie sucht und gibt nicht auf. Frauen waren es, die ganz dicht Jesus auf den Fersen blieben, als er seinen letzten Weg antrat - zum Kreuz und ins Grab. Weil sie ihm nachfolgten, konnten sie ihn finden und ihm begegnen. Weil Maria von Magdala auch nach dem Tod und dem Begräbnis seine Nähe suchte, konnte ER sie ansprechen. 2000 Jahre hat die katholische Kirche versucht, die Frauen mundtot zu machen. Eine vom Tod gelähmte Kirche braucht das österliche Zeugnis von Frauen. Denn ihnen gilt auch heute noch die Beauftragung: »Geht und sagt den Jüngern, vor allem

Petrus: ›Er geht euch nach Galiläa voraus. Dort werdet ihr ihn sehen, genau, wie er es euch gesagt hat.‹« (Mk 16,7)

Eine Kirche, der zumindest in der westlichen Welt, der Lebensatem auszugehen droht, aber auch unsere bedrohte Welt braucht die österliche Lebens-Botschaft, die geerdet ist in der Erfahrung, Leben zu schenken, zu bewahren und bis in den Tod zu begleiten.

ROSWITHA GÖBEL-WIEMERS, HOLZWICKEDE

Er hat seinen Bund nie gekündigt

Ich glaube an den einen Gott Israels,
der seinem Volk die Weisung gab,
Orientierungshilfe für ein gelingendes Leben
und Hoffnung für eine bessere Zukunft.
Und an Jesus, den Christus,
der diese Hoffnung bei den Menschen wachhielt
und sie ermutigte,
in der Freiheit der Kinder Gottes zu leben.
Damit erregte er Widerspruch, und man tötete ihn,
Aber Gott ließ ihn nicht im Tod,
sondern gab ihm neues Leben in seiner Herrlichkeit.
Ich glaube an die mütterliche Kraft Gottes,
die tröstet und ermutigt.
Ich glaube, daß die Gemeinschaft der Christen,
hineingenommen in den nie gekündigten Bund Gottes
mit seinem Volk Israel, die Aufgabe hat,
für Gerechtigkeit, Frieden und die Bewahrung der Schöpfung einzutreten.
Ich glaube, dass der eine Gott Israels der Anfang und das Ende allen Lebens ist,
so daß jeder Mensch von Ihm her unendliche Würde hat
und hoffen darf, in Ihm Vollendung zu finden.

MICHAEL THEBILLE, WARBURG

Ja, so war er

In unserem Dorf und in der ganzen Nachbarschaft
erinnert man sich noch bis zum heutigen Tag
an die Worte unseres Gastes.
Wir sahen das Licht Gottes in seinen Augen
und das Lächeln unseres Gottes auf seinen Lippen,
und der Glanz des Tages lag auf seinem Gesicht.
Als wir ihn sahen, begann in unseren Herzen ein Feuer zu brennen.

Wir lauschten seinen Geschichten vom Bräutigam, der seine Braut ins Hochzeitszelt führt, vom jungen Hüter des Weinbergs und vom Prinzen, der die Bettler herbeiruft, sie in seinen Königspalast einlädt, um mit ihnen ein Freudenmahl zu feiern.

Wenn man ihm zuhörte, hatte man den Eindruck,
als ginge das eigene Herz auf Wanderschaft,
um in bisher nie geahnte Gegenden geführt zu werden:
Er erzählte eine Geschichte oder ein Gleichnis,
wie man dergleichen nie zuvor gehört hatte.
Ein Bauer ging auf das Feld, um zu säen.
Oder: Es war einmal ein reicher Mann, der viele Weinberge besaß,
oder: Ein Hirte zählte abends seine Schafe und stellte fest, daß eines fehlte.

Und er begann zu sprechen von der Herrlichkeit des Himmels und der Erde,
von den Blumen, die blühen,
von der Nacht, die sich über die Erde breitet
und die unsichtbar wird, wenn der Tag die Sterne verhüllt.

Seine Stimme zog uns so in den Bann, daß wir ihn anstarrten wie eine Vision.
Seine Stimme war voller Wunder, und sie blieb in unseren Herzen.
Es kam uns vor, als würden wir
in einem weit entfernten wunderbaren Land verweilen.

Der Nazaräer kannte die Quellen der Vergangenheit und die Fäden, aus denen sie gesponnen wird. Er sprach von der Sehnsucht, die im Herzen der Menschen wohnt. Er sah das Leben im Lichte Gottes.

Wir wurden alle von ihm wie von einer unsichtbaren Macht angezogen, die von ihm ausging. Fassungslos gingen wir an seiner Seite und folgten ihm gern. Ja, so war er, dieser Jesus.

WALTER EITEL, DÜSSELDORF

Krippe und Kreuz sind aus demselben Holz

Ich weiß nicht genau, ob Gott Frau oder Mann ist,
aber ich habe Gottes Gegenwart erfahren; traurig in meiner Trauer,
leidend in meinem Leid, fröhlich im meiner Freude.

Mich hat keiner gefragt, wann, wo und unter welchen Bedingungen ich leben will. Aber Gott hat mir gesagt: »*Ich* will, daß du gerne lebst, *ich* habe noch viel mit dir vor. *Ich* gebe dir die Kraft, damit du tun kannst, was *ich* dir zutraue.«

Ich weiß nicht, ob Menschen Anspruch haben auf Freude, Gerechtigkeit und Frieden. Ich sehe die Siege von Macht und Geld, ich sehe Unrecht und Gedankenlosigkeit, ich höre fromme Worte, denen keine Taten folgen. Dennoch ist unter Menschen Hoffnung lebendig auf Freude, Gerechtigkeit und Frieden. Dennoch ist unter Menschen Sehnsucht lebendig nach Gemeinschaft, Vertrauen und Glaubwürdigkeit.

Kirche als Gemeinschaft der Glaubenden ist von Anfang an mißbraucht worden. Dennoch hat sie fast 2000 Jahre Weltgeschichte überlebt. Abrahams, Isaaks und Jakobs Gott ist in Jesus dem Christus Mensch geworden. Krippe und Kreuz sind aus demselben Holz. Ohnmacht und Glaubwürdigkeit hat Jesus vorgelebt. In dieser Welt spricht nichts für die Existenz Gottes. Wenn ich den Sinnlosigkeiten standhalten und nicht an ihnen mitschuldig sein will, hilft mir dabei die Erfahrung der Gegenwart des lebendigen Gottes. Er hat meinem Leben Aufgabe, Zukunft und Sinn gegeben. Ich werde bleiben im Hause des Herrn immerdar.

Das versuche ich zu glauben, mit Furcht und Zittern. Amen.

MICHAEL GERTGES, ISSELBURG

Ursprung, Ziel und Sinn der Evolution

Ich glaube an Gott, der als Schöpfer seit Jahrmillionen in der Evolution am Werke ist,

und an Jesus von Nazareth, der das Ziel und den Sinn der Schöpfung und des Schöpfers so verinnerlichte, daß er imstande war, die Struktur der menschlichen Gesellschaft, die unter dem Symbol der Leiter die Menschen in oben und unten, in hoch- und niedrigstehende einteilt und damit zu verletzender Konkurrenz, Kämpfen um die Macht, Gewalt und Krieg, zu allem Bösen führt, durch sein Leben und mit seinem Leben zu überwinden, alle bisherigen Maßstäbe umzukehren und eine neue Struktur der Gleichberechtigung, der »Tischgemeinschaft«, zu errichten, in der nicht mehr Zwang, Gewalt und Krieg herrschen, sondern als einzige Ordnungsform das gegenseitige Dienen geübt wird. Dafür wurde er zum Tode verurteilt, unter Pontius Pilatus gekreuzigt, ist er gestorben und begraben worden. Unmittelbar danach ist er auferstanden in der Tischgemeinschaft, in der sein Geist lebt, in der Vertrauen, Hoffnung und Liebe wachsen, Menschen Vergebung und Freiheit von Angst und Unterdrückung erfahren und ein sinnvoll erfülltes Leben führen können.

Ich glaube an seinen Geist der Liebe, der Gemeinschaft und des verantwortlichen Daseins für andere, der wahre Menschwerdung für alle Menschen ermöglichen und die Entwicklung der Schöpfung zum Lobpreis Gottes führen wird.

Dafür will ich mit meinem Leben einstehen. Amen.

JOHANNES RIEDEL, LEIPZIG

Gott ist unsere Mutter

Ich glaube an Gott, unsere Mutter,
die unter vielen Bildern und Namen in dieser Welt angerufen und verehrt wird,
die uns ins Leben rief, die uns gewollt und bejaht hat und uns ein Bild ins Herz gelegt hat,
wie sie uns von Anfang an gedacht hat, eine Vision von uns, die wir mit Leben erfüllen können, wenn wir auf ihre Stimme hören.
Ich glaube, daß sie allen Menschen eine tiefe Sehnsucht nach Liebe und sinnvollem Leben mitgegeben hat.
Ich glaube, daß wir alle ihre Kinder sind, daß sie uns ruft, erwachsen zu werden
und in Freiheit und Verantwortung unser Leben und unsere Umwelt zu gestalten,
ihre Liebe sichtbar werden zu lassen, da wo wir stehen.
Ich glaube, daß sie uns in Jesus, unserem Bruder, ein Modell geglückten Lebens gegeben hat.
Sie verspricht uns kein Leben in Bequemlichkeit und ohne Sorgen,
aber ein Leben in Fülle, ein erfülltes Leben.
Ich glaube an ihren Heiligen Geist, der mich antreibt und beflügelt,
dessen Lebendigkeit ich in anderen wahrnehme und in Gemeinschaft erfahre.
Ich glaube, daß wir einst unser Leben in ihre Hände zurücklegen werden,
daß wir im Tode vielleicht erkennen, was wir anders und besser hätten machen können,
daß sie uns (auf)richtet in diesem letzten Augenblick unseres Daseins
und uns hineinnimmt in ihre Ewigkeit, in die Gemeinschaft der Heiligen, der Heilen,
die wir in dieser zerrissenen Welt so oft vergeblich gesucht haben.
Amen

MARIANNE SPECKAMP, RATINGEN

Was uns helfen kann

Der Sturm auf den See ist eine Geschichte, die oft genau zu meinem Leben paßt. Da breche ich zu neuen Ufern auf, beginne eine neue Beziehung, eine Ausbildung, nehme mir etwas vor, habe ein Ziel vor Augen. Und dann schlagen die Wellen plötzlich über mir zusammen. Sturm zieht auf, droht, die Fahrt vorzeitig zu beenden. Wind heult, Wellen brechen, Wasser klatscht ins Boot, Holz splittert, die Besatzung schreit, wirres Durcheinander, mit bescheidenen Mitteln versuche ich, das eindringende Wasser zurück ins Meer zu befördern. Angst macht sich breit. Ich erfahre, wie stürmisch es auf einmal mitten in der Harmonie zugehen kann. Lange Zeit ging alles gut. Das Leben verlief ruhig, friedlich, wir wissen, was uns erwartet. Aber auf einmal gerät alles aus den Fugen. Auslöser gibt es viele: Krankheit, Tod eines Menschen, Trennungen, Erfahrungen abweisender Gefühle und eigene Schuld. Schicksalsschläge und Scheitern. Wir werden aus der Bahn geworfen, vom Kurs abgebracht und uns steht das Wasser bis zum Hals. Der stürmische See als Bild für Chaos in meinem Leben. Meer als Bild der Haltlosigkeit, des bodenlosen Hin- und Hergeworfenseins, unser ganzes Leben gerät ins Trudeln. Ich laufe Gefahr zu ertrinken. Wir erleben es ständig in den »Stürmen unseres Lebens«, daß unsere gute Fahrt gehemmt und die gewünschte Richtung unseres Lebens abgebrochen wird. Wir werden an ein Ufer verschlagen, an das wir nie wollten, werden in Klippen getrieben, die wir tunlichst umschiffen wollten.

Und dabei haben wir es uns doch so nett eingerichtet: Überall stellen wir Schilder auf, Verbotsschilder zumeist, die uns den Weg weisen wollen. Überall auf unserem Glaubensweg taucht jemand auf, der weiß, wo es langgeht, ob hier das Abbiegen verboten oder eine Vorfahrt für diese oder jene Meinung und Gruppe zu beachten ist. Und doch gibt es auch bei den bestens ausgebauten und flächendeckend beschilderten Straßen unseres Lebens Momente, außerplanmäßige Straßenverhältnisse, in denen ich es bin, der entscheiden muß. Ganz spontan.

Was ist dann zu tun? Was kann helfen. Der schlafende Jesus ist ein Bild für die Verankerung im Grund. Bleibe nicht an der stürmischen Oberfläche, geh' tiefer, gründe Dich neu. Tauche ein in das tiefere Vertrauen. Suche wieder festen Grund unter den Füßen. Suche einen Grund für Dein Leben, einen Sinn für Deine Fahrt. Suche einen Gedankenblitz, einen Geist, einen heiligen Geist. In die Untergangsstimmung ruft er uns zu: Wo ist euer Glaube?

Glaube als Verankerung ist kein Mittel gegen den Sturm, gegen das Chaos, aber es hilft überleben, hält dich fest, damit mir in den Stürmen meines Lebens nichts passiert, damit ich nicht jeder neuen Welle nachgeben muß. Die Erzählung zeigt uns, daß wir eigentlich gar nichts machen können gegen den Sturm, mit dem gewohnten Aktionismus nichts erreichen. Wir können nur tief in uns zur Ruhe kommen, unseren Glauben finden, entdecken, an wen und was wir glauben können. Erst dann dreht der Wind, werden die Wogen sich besänftigen und Wellen sich legen. Wir müssen diesen einen Punkt im Grund unseres Herzens suchen, der uns trägt und hält.

MARCUS C. LEITSCHUH, KASSEL

Er zeigt den Weg in die Gottesgegenwart

Dankbar erkenne ich, daß ich teilhabe an dem Strom des Lebens,
der hervorquillt aus Gott, dem väterlich-mütterlichen Grund allen Seins.
Verbunden mit allem, was lebt, fühle ich mich mitverantwortlich
für diese Welt samt allen Kreaturen.

In Jesus Christus begegne ich dem Menschen, der uns durch sein Leben
den Weg in die Gottesgegenwart gezeigt hat
und der alle Welt brüderlich zum Heile führen will.

Durch den Heiligen Geist empfange ich Lebensmut und Daseinsfreude,
mit allen Menschen guten Willens zu wirken
im Geist der Liebe, des Friedens und der Besonnenheit.
Das gibt unserem Menschsein Sinn und Zuversicht,
dem Zweifel, der Furcht und der Niedergeschlagenheit zum Trotz
auch über Tod und Grab hinaus.

GERHARD WEHR, SCHWARZENBRUCK

Der freie Wille ist ein Mysterium

Zu Beginn der Endlichkeit goß *Gott* sich in meßbare Zeit und Raum und die in ihr enthaltene Materie aus. Nach dem Ende der Endlichkeit wird alles Geschaffene wieder in *Gott* zurückgegangen sein. Man kann sagen: Nach dem Akt der Schöpfung ist eine gotteszahlste Sekunde vergangen. *Gott* schuf aus seinem ewigen, unendlichen Sein etwas Dingliches.

Daß *Gott* etwas von ihm Losgelöstes erschuf, bedeutet aber nicht, daß er dieses sich selbst überließ und sich heute weit weg im Himmel befindet. Er ist da. Kein Haar fällt von deinem Kopf, ohne daß er es weiß.

Wenn *Jesus* von seinem Vater spricht, meint er seinen Ursprung. Der ist aber nicht allein männlich, sondern er ist auch weiblich und sächlich und keines von den drei'n. *Gott* ist nicht klassifizierbar vom Menschen. Das Sein *Gottes* ist ewig und unendlich. Der Mensch kann es sich nur unewig und endlich vorstellen.

Jesus war in meinen Augen ein ganz normaler Mensch, der aber seine Libido nicht in Sexualität auslebte, sondern sublimierte und alles Sein seelisch liebte. *Jesus* hatte menschliche Bedürfnisse und war in meinen Augen nur *Gott*, wenn er lehrte und Wunder tat. Als *Jesus* starb, starb nicht *Gott*, sondern ein Mensch, denn sein Ursprung war nicht tot, sonst hätte er ihn nicht wieder lebendig machen können. Nun etwas Poetisches, Lyrisches: Mir scheint, daß die Stimme Jesu seit ihrem Ertönen klanglich bis heute tradiert wurde und immer noch in schöner Musik aufklingt.

Mit dem freien Willen des Menschen ist es ein »Mysterium«: Der Mensch ist ganz frei in seinen Entscheidungen – zu allem – aber *Gott* weiß vorher schon, wie entschieden werden wird!

Was ist Leben? Vor meiner Geburt war ich nicht, nach meinem Tod werde ich bei *Gott* sein. Ich bin berechtigt zu töten. Aber nur, um essen zu können. Ist das Getötete tot oder noch lebendig? Das Essen muß vom Körper aufgenommen sein, ehe es verdorben ist.

Für mich bedeutet eine vollständige, ausgewogene Mahlzeit in ausreichender Menge ein direktes Geschenk *Gottes* an mich. Ein Fest im Nahrung-zu-sich-Nehmen ist das christliche Abendmahl: Ein Höhepunkt im Essen aufnehmen.

Ich habe ein mystisches Verständnis der Zahlen: Für mich ist die 2 eine weibliche Primzahl. Zwei ist eine gerade Zahl. Sie ist weich und rund wie eine liebe Frau. Es gibt nur eine einzige gerade Primzahl, die 2.

STEFAN BECHT, FELLBACH

Ich darf ich selber sein

Ich glaube an Jesus.
Er lebte unter uns. Dies aber auf radikale Weise.
Er verkörperte die Wahrheit.
In allem, was er tat, folgte er ihr konsequent.
Seine Menschenfreundlichkeit ist unüberbietbar,
Sein Sozialverhalten beispielhaft:
Annahme der Kranken, Alten, Schwachen, Arbeitslosen, Asylsuchenden, Behinderten, Kinder.
Sein menschliches Leben in Freiheit und Vollendung ist Vorbild.
Er ergriff Partei gegen:
hemmungslosen Materialismus, Kapitalismus, Ausbeutung, Unmenschlichkeit in Staat, Recht, Wirtschaft und Gesellschaft.
Jesus lebte sich selbst, kein Rollenspiel, keine Masken.
Auch ich darf ich selber sein.
Ich darf ihm grenzenlos vertrauen.
Er nimmt auch mich an.
Er ist mein Bruder und Freund, mein echtes Vorbild.
Er bringt und verkörpert die Liebe Gottes.
Sein Leben ist Leben in Fülle.
Er realisiert das Reich Gottes auf Erden.
Er ist meine Hoffnung, mein Gott und mein Herr.
Er blieb nicht im Tod, er lebt.
Er ist meine Hoffnung auf Erlösung.

HUBERT RÜENAUVER, HADAMAR

Die Allgegenwart des schenkenden Gottes

Ich glaube an Gott, der da ist
Ursprung und Geist des Himmels und der Erden,
und an seine Allgegenwart in meinem Nächsten,
in der gesamten Schöpfung,
im Licht sowie in der Finsternis,
so auch in mir.

Ich glaube an den Mann aus Nazareth
Jesus Christus, meinen Bruder.
Durch sein Leben und Leiden
ist mir Gottes Allgegenwart bewußt geworden.
So lebe ich in der Zuversicht,
daß Gott auch in mir gegenwärtig ist
und mich begleiten wird
bis an das Ziel meines Lebens.

Ich glaube, daß mir Gott die Freiheit schenkt,
mein Leben täglich neu zu überdenken
und Entscheidungen zu treffen.
Sein Wille geschehe dabei,
denn sein ist der Geist und die Kraft,
das Leben und auch die Endlichkeit hier auf Erden,

Amen

HELLMUT E. KULENKAMPFF, HAMELN

In Gott hineinfallen lassen

Ich glaube an Gott, den Vater, der uns geschaffen hat, manche mit schwersten Geburtsfehlern.

Mein Credo schreibe ich als Mutter einer heute 30jährigen Tochter, die mit einer sehr schweren Krankheit (Fallot'sche Tetralogie) zur Welt kam, zwei Herzoperationen und viel Eingriffe überstanden hat und aus ärztlicher Sicht schon viele Jahre tot sein müßte. Ich habe zwar immer die Ärzte gebraucht, habe mich aber nach Jahren des Herumirrens einfach in Gott hineinfallen lassen und wurde dabei ruhiger und gelassener. Ich persönlich weiß, daß die Krankheit mich in meinem Leben weitergebracht hat. Gott, ich vertraue auf dich.

Ich glaube an Jesus, dessen irdisches Leben mir in vielem Vorbild ist, gerade im Vertrauen auf den Vater. Jesus hat sich im Angesicht der leidenden Menschen auch nicht seiner Tränen geschämt. Und er hat selber viel Schmerz erdulden müssen und sich von Gott verlassen gefühlt. Wie ich manchmal. Jesus, sei du für mich der Wegweiser.

Ich glaube an den Heiligen Geist, der mich im Laufe meines 70jährigen Lebens kapieren ließ, was Gott von mir will, der in einigen Menschen meiner Kirchengemeinde wirkt. Hätte es vor 40 Jahren nicht verständnisvolle Menschen in der Kirche gegeben ..... Damals hat mich die »Amtskirche« im Stich gelassen, als ich einen Geschiedenen geheiratet habe.

Ich glaube an die Vergebung der Sünden, den mich liebenden Gott, der mich auch mal unsanft in die richtige Richtung stupst. Meinen Kinderglauben vom grimmigen, alles überwachenden, strafenden Gott habe ich schon lange ad acta gelegt. Guter Gott, verzeih mir.

Ich glaube an das zukünftige ewige Leben, und ich freue mich auf das Wiedersehen mit meinem vor drei Jahren verstorbenen Mann (um ihn ging es vor 40 Jahren). Er war von Haus aus kein Christ, war in vielen Phasen seines Lebens jedoch christlicher als viele »Kirchgänger«. Er weiß jetzt schon mehr als ich, und ich glaube, daß er bei Gott gut aufgehoben ist.

Guter Gott, laß mich einst mit ihm und allen meinen Lieben bei dir sein.

HILDEGARD FIEBRANDT, RÜSSELSHEIM

Ich glaube an einen guten Gott

Als Patin und Pate versuchen wir, unseren eigenen Glauben zu benennen und zu bekennen als Bausteine oder Mosaiksteine, die wir beide Magdalena Christine auf ihren Glaubensweg mitgeben möchten:

Ich glaube an einen guten Gott, Freund des Lebens und der Menschen; an einen Gott, zu dem wir Vater und Bruder, Mutter und Schwester sagen dürfen.

Ich glaube auch, daß es einen guten Gott gibt, der für uns dasein will – deswegen heißt er auch so: der »Ich bin für Euch da«, Jahwe.

Ich glaube an einen Gott, der sich nicht in unsere kleingläubigen Denkschemata pressen läßt und der nicht von uns zur Abgrenzung und Ausgrenzung verfremdet oder mißbraucht werden darf.

Ich glaube an einen Gott, der uns in unserem Leben begleitet und sich uns auf immer neue Weise zu erkennen gibt

- in aller Einfachheit des Lebens von Tag zu Tag,
- in aller Kompliziertheit unserer theologischen Fragen,
- in all' unserer Sehnsucht nach Einssein mit ihm
- und in aller Intensität unserer Gefühle.

Gott selber ist nicht sichtbar, aber seine Auswirkungen sind erkennbar. Im Leben und in der Geschichte von Menschen, die darauf achten, die für Gott offen sind. Oft erahnen wir erst im nachhinein, daß wir es mit Gott zu tun hatten. Menschen, die mit Gott rechnen, spüren dieses. So haben die Propheten des alten Testaments uns viel von Gott zu erzählen.

Besonders der Mensch Jesu hat uns Gott sehr nahe gebracht; er hat mit seinem Leben und Lebenstod glaubhaft seinen Gott verkündet. Gott wurde durch ihn so klar und real, daß seine Freunde ihn immer in Zusammenhang mit Gott brachten und beide nicht mehr voneinander trennen konnten.

Ich glaube an einen Gott, der das Weltall und uns erschaffen hat. Ich hoffe auf einen Gott, der allem Licht und allem Schatten in unserer Welt Sinn verleiht, auch wenn wir dies oft nicht zu erkennen vermögen.

Jesus hat Gottes Art zu handeln auf menschliche Weise gelebt und hat uns befreit aus der Not der Sinnlosigkeit, des verfehlten Lebens. Er hat uns gelehrt, was die Menschen nicht zu glauben wagten, daß wir bereits jetzt und immer – auch im Tod und nach unserem körperlichen Tode – von Gott geliebt sind und bei ihm sind. Dies nennt der Evangelist Johannes »Auferstehung« – und sie ist für Jesus bereits vollendet: Jesus lebt und er hat mit Gott weiterhin Interesse an einer guten, heilvollen Zukunft der Menschen.

Ich glaube an einen Gott, der uns in Freude so leben läßt, daß jedes Leben auf dieser Erde seinen Wert hat und auf Ewigkeit nicht ohne Wirkung bleibt.

Ich glaube an Gottes Geist, der weht, wo er will: von oben und von unten, von links und von rechts, der uns erfrischt und erneuert, der uns begleitet und uns die Kraft gibt, in voller Menschenblüte zu leben und zu handeln.

CORNELIA MÖLLERS, RECKLINGHAUSEN UND
CHRISTIAN M. WEISNER, HANNOVER

In Jesus sichtbar

Ich glaube
an den einen Gott,
an Gottes Kraft und Liebe in jedem Geschöpf.
Ich glaube,
daß diese Kraft und Liebe in Jesus von Nazareth
in einzigartiger Weise sichtbar geworen ist.
Jesus verkündete den Menschen
den liebenden und barmherzigen Gott
und wurde nach seinem Tod
zum Leben in Gott auferweckt.
Ich glaube an Gottes Heiligen Geist,
der in der Welt wirkt,
die Gemeinschaft in der christlichen Kirche
und ein Leben nach dem Tod bei Gott.

Amen

ANDREAS GÖBEL, ESSEN

Diese Kraft ist ansteckend

Ich glaube an Gott. Aber wer oder was ist »Gott«? Es gibt im Leben jedes Menschen etwas, das gemeinhin als »das Gute«, »das Wahre« bezeichnet wird: die Liebe, das Leben Erhaltende und Fördernde, das Ehrliche, das Aufrechte, die Geduld, das Mitleiden, die Wärme zwischen Menschen, die uneigennützige Bereitschaft, einem anderen zu helfen, ihm zuzuhören, ihn zu achten. Daß dieses Gute immer wieder entsteht, nicht totzukriegen ist, obwohl nicht beweisbar, nur individuell erfahrbar, obwohl ständig überdeckt, durchmischt und verdrängt von seinem Gegenteil – dem Bösen –, daß dieses Gute tief im Menschen steckt und sich immer wieder behauptet, vielleicht nur als kleines schwaches Pflänzchen, das leicht zertreten werden kann: das glaube ich.

Es ist ein Glaube gegen den Schein, ein paradoxer Glaube – an Gott. Der Mensch Jesus Christus hat das Göttliche – die Liebe, das Wahre – in ganz besonderem Ausmaß verkörpert, aber in jedem Menschen steckt der göttliche Funke in irgendeiner deutlichen oder undeutlichen Ausprägung. Das kann nur sehen, wer daran glaubt, nicht der, der einen rationalen Beweis dafür sucht. Ich glaube an Gott als die lebensspendende, liebende, Leid ertragende und überwindende Kraft im menschlichen Dasein, eine Kraft, die nur über Menschen wirksam werden kann. Zugleich ist sie eine »übermenschliche«, alles Menschliche überwölbende und durchdringende Kraft, die den einzelnen berühren, erfüllen, mitreißen kann, wenn er sich ihr öffnet. Die Kraft ist ansteckend, sie gibt dem Leben Sinn, macht glücklich in einer Weise, die uns nicht abhängig macht, sondern von Abhängigkeiten befreit. Die Quelle dieser Kraft nenne ich Gott. Ich fühle mich oft in dieser Kraft geborgen – »in der Hand Gottes«, wie man so schön sagt.

Weil Gott ein Ausdruck für etwas Reales und doch Unbegreifbares ist, haben die unterschiedlichen Kulturen jede auf ihre Art versucht, das unfaßbare Geheimnis faßbar zu machen, vorstellbar, vor allem im Bestreben, einen Dialog führen zu können mit diesem »Gegenüber«: im Gebet, im »Lobpreis«, in der Klage. Diese Versuche fanden ihren überlieferten Niederschlag in Religionen und Konfessionen. Alle diese Glaubenszeugnisse berichten von Erfahrungen von Menschen im Umgang mit dem Geheimnis des Lebens, das ich Gott nenne.

Wie eng und untrennbar das Gute mit dem Bösen verwoben ist, zeigen die Versuche sogenannter »Gläubiger«, ein Gottesbild mit eindeutigen Konturen zu entwerfen und – als Folge davon – die Gotteserfahrungen anderer Menschen zu mißachten, zu bekämpfen. Der Glaube an Gott entzieht sich der Eindeutigkeit. Es gibt viele Menschen, die einem offiziellen Glauben – einer Religion – abgeschworen haben oder ihr gleichgültig gegenüberstehen und trotzdem an Gott glauben, ohne es zu ahnen oder es so zu nennen. Denn sie sind davon überzeugt und haben es am eigenen Leib erfahren, daß es die Kraft der Liebe gibt und daß auf diese Kraft Verlaß ist, auch dann, wenn der Schein dagegen steht. Vielleicht kann man das auch als »Urvertrauen« bezeichnen. Diese Gläubigen haben es allerdings schwerer, weil ihnen das Gegenüber des Gebets fehlt.

HANS-JOACHIM SCHEMEL, MÜNCHEN

Wie Jesus bezeugt

Ich lasse mich Gott,
der alles schafft
und in Liebe durchdringt

Ich lasse mich Gott,
der sich offenbart,
wo Liebe die Furcht vertreibt

Ich lasse mich Gott,
der mein Mitmensch ist,
wie Jesus Christus bezeugt

Ich lasse mich Gott;
der mich bei meinem Namen ruft.
Er ist mein Leben.

SUSANNE KÖPPEL, HOF

Wunder, Weite, Weisheit und das Werden

Ich glaube
an das *Wunder* allen Lebens,
das meine Tochter wachsen läßt:
jede winzige Zelle in ihr,
den ganzen Mensch.

Ich glaube
an die *Weite* zwischen uns,
die den Penner in der Bahnhofsunterführung,
die Frau mit mir in der Warteschlange -
dich und mich - vereint.

Ich glaube
an die *Weisheit* der Natur,
die unseren Hund bellen läßt
und die Zecke in seinem Fell ernährt -
die Kirsche rot und rund macht
für den Mund, der sie verspeist.

Ich glaube
an das *Werden* in meinem Leben,
das alles durchbricht:
meine Vorstellungen
mein Hiersein
mein Gestern und Heute
mein Morgen.

Ich glaube

DORIS FUCHS, WUPPERTAL

Ich gehöre Jesus von Nazareth

Ich vertraue dem *Ur-Grund* der All-Existenz, der trägt, auch mich. Aus ihm sind Photonen, Atome ..., aus *ihm* ist die *Zeit*. In *ihm* sind die Gesetze der Entwicklung – *sein* Wort. Aus *ihm* wurde *Licht*, danach alles Geschaffene, das Leben, auch unser »Ich«.

Ich weiß um die unzertrennbare Einheit des *Universums*, aus dessen *Mitte* ein jeder Mensch geboren wird, um zu suchen, was es heißt, Mensch zu sein. Diese Sehnsucht ist die Kraft des Weges zu *ihm*.

Ich glaube an diese *Mitte* des *Universums* am *Ur-Grund* meiner *Seele*.

Ich bin aus ihr. Sie ist für mich erfahrbar, wenn ich zu-*Grunde* gehe.

Ich nenne diese Mitte, wie viele Menschen, *Christus*. *Sie* ist das Tor zu meinem allumfassenden, katholischen Sein. Aus *ihr* lebe ich.

Ich ge-höre Jesus von Nazareth, denn er war ein Meister dieser menschlichen Erfahrung. So ist er – wie alle seine Geschwister – aus *ihr*. Er bekam die Fähigkeit geschenkt, dies wahrzunehmen und Mitmenschen anzuleiten. Er lebte seine Gotteserfahrung, hier.

Ich kenne uneinsichtige Menschen, sie heißen Herodes und morden *Christus* in den Kindern, sie heißen Kaiphas oder Pilatus und quälen Menschen um deren Gotteserfahrung willen, erniedrigen sie sogar durch mutwillige Folter – bis in den Tod, auch am Kreuz.

Ich glaube das *Nein Gottes* zum Tod, *seine* Antwort: *Auferstehung*.

Ich weiß um die Nähe *Christi* im leidenden Menschen, um ein helles holographisches Erleben als *Ziel* jedes Menschseins gerade dann. Diese Vision ist der *Geist* der Taufe, der *Geist* des leeren Grabes, der *Geist* der Erleuchtung zu Pfingsten, der *Geist* der Weih-Nacht: *Licht* am dunkelsten Punkt, und dieses *Licht* sagt:

»Du gehörst *mir*, sei *mein* Kind aus *mir* geboren, sei Bruder *meines* Sohnes Jesus, dem, der euch von *mir* erzählte. Folgt *ihm* nach, lebt eure Gotteserfahrung – seid Menschen in *meiner* Schöpfung.«

DIETER PETSCHOW, LANGENHAGEN

Ich habe ihn gehört

Ich glaube an diesen Gott, den Schöpfer allen Lebens und Lenker des Kosmos, den nicht ich erwählt habe, sondern der mich bei meinem Namen gerufen hat. Ich habe ihn gehört, ich höre ihn noch immer, ich höre zwar nicht immer auf ihn, aber ich ge-höre ihm. Er umgibt mich, ist mein Schild, meine Kraft, der »Ich-bin-da«, durch den auch ich sagen kann: »Ich bin da.«

Ich glaube an Jesus Christus, den Friedensstifter, der wahrhaft für uns gelebt hat, gestorben und auferstanden ist. In ihm hat Gott uns sein menschliches Antlitz, seine Liebe und seine Verbundenheit zu uns gezeigt, ein Vorbild für unser Denken und Handeln in dieser Welt.

Ich glaube an Gottes Heiligen Geist, den Lebensspender, ohne den ich erlahme, gleichgültig werde, den Anschluß an Gott und die Menschen verliere. Der mir meine Möglichkeiten und meine Grenzen aufzeigt, der mich ständig darin bestärkt, mit anderen Kirche zu sein.

Ich glaube, daß dieser vielfältige Gott zwar nicht alle meine Wünsche und Erwartungen, aber jede seiner Verheißungen erfüllt.

HANNS PETERS, MÜNCHEN

Ich glaube an das große Fest der Freude

Ich glaube
an *Gott, der alles Leben erschaffen hat*
und Liebe als des Lebens Bedingung,
der seine Kinder in die Freiheit entließ,
damit sie lieben lernen.

Ich glaube
an *Jesus von Nazareth,*
der das Glück, als Sohn des lebendigen Gottes zu leben,
nicht als Beute festhielt, sondern
allen Töchtern und Söhnen davon zu schmecken gab,

der Vertrauen wagen mußte wie wir,
der sein Leben nicht schonte, sondern verschenkte
im Lernen und Lehren,
im Heilen und Aufrichten,
im Widerstand gegen alles,
was Menschen kleinmacht
und Leben verhindert.
Er hat nicht abgelassen vom Lieben,
auch nicht, als er dafür getötet wurde
von den Mächtigen.
So ist er für uns zum Christus geworden,
zum Erlöser aus der Angst,
zur lebendigen Kraft unserer Seele.

Ich glaube
an die unerkannte *Anwesenheit*
des lebendigen Gottes,
die uns niemals zwingt,
die mit uns ist in allem, was geschieht,
als Schmerz über Schreie und Tränen,
als Zorn über angetane Gewalt,
als Freude über Heilwerden und Verstehen,
als Kraft im Verschenken des Lebens,
in der Dunkelheit als Hoffnung
auf das große Fest der Freude
in einem Leben, das größer ist als unser Begreifen.

UTE SCHÜTZE, DIEMELSTADT

Jesus, mit letzter Kompetenz

Ich glaube an den verborgenen Gott, der den Menschen liebevoll zugewandt ist und sich doch souverän allen menschlichen Versuchen der Manipulation und Vereinnahmung entzieht; vor dem alle Menschen gleich sind – mit einer Ausnahme: Jesus Christus, der Menschensohn aus dem Volk Israel.

Ich glaube, daß Jesus, göttlicher Autorisierung folgend, mit endgültiger Kompetenz Aussagen über Gott auf der Grundlage der Heiligen Schrift deutend und klärend und als Botschaft gab, ohne die Geheimnisse Gottes zu verletzen; der deshalb in Metaphern und Geschichten redete, weil menschliche Sprache und Verstand die Wirklichkeit Gottes und sein Wesen sonst nur etikettieren können: Gott ist die Liebe, ist das Gute, ist das Leben, ist das Licht, ist der letzte Verursacher, der allmächtige Schöpfer. Der uns aufforderte, Gott mit »Vater« anzureden.

Ich glaube, daß die Geschichte der Welt und der Menschheit einem Plan folgt und nicht einer Kette von Zufällen, daß aber die Gesetzmäßigkeiten dieses Planes unsere Erkenntnis übersteigen. Sein Ziel ist ›der Friede, den die Welt nicht geben kann‹. Die Welt: Das sind wir.

Ich glaube, daß Gott Geist ist, der – jenseits von Zeit und Raum, jenseits von Materie und Energie, von Biologie und Psychologie – ordnend wirkt als ›ICH BIN‹ voll Gnade und Wahrheit; der mit leiser Stimme zu jedem spricht, der Ihn hören will; der sich dazu auch der Kunst und der Wissenschaft bedient.

Ich glaube, daß der Mensch in seinem ganzen Leben mit dem Bösen konfrontiert ist und daß es Schuld und Sünde gibt – allerdings nur eine Sünde: den Egoismus. Denn wir sind ›zu Gott hin erschaffen‹ und hin zum Mitmenschen, dem Nächsten. Schuld ist Bestandteil der menschlichen Verfassung, der Liebe zugeordnet und zugleich ihr Gegenstück.

Ich glaube, daß es eine Gemeinschaft der an Jesu Botschaft Glaubenden gibt: die Kirche. Sie ist in ihrer weltlichen Konstruktion auf eine – dienende – ›Verwaltung‹ angewiesen; sie besitzt Autorität, soll Hilfe, Trost und Hoffnung bieten, soll Ideen und Erkenntnisse sammeln und koordinieren, Bewährtes hüten und Neues ermöglichen; sie soll nicht strafen, sondern warnen und ermahnen, wenn nötig; sie soll Menschen zusammen und nicht auseinander bringen.

Ich glaube, daß der biologische Tod des Menschen nicht Ende seiner Existenz, sondern Beginn eines unvorstellbar andersartigen Seins ist; denn die auf Liebe gegründete Verbindung zu Gott ist ohne Grenzen.

BERNHARD KLEINEIDAM, FRANKFURT/MAIN

Der Impuls zum Leben

Ich glaube, daß Jesus Menschen seiner Zeit beeindruckt hat, vor allem

- durch seine eigene Freude am Dasein und an der Natur,
- durch seine tiefe Einsicht in die menschliche Realität,
- durch sein Vertrauen auf Gott, den Grund unseres Seins,
- durch seine vorurteilsfreie Art, auf Menschen zuzugehen, sie zu achten und anzunehmen, wie sie sind, sie zu ermutigen und zu integrieren,
- durch seinen Mut, Konflikten standzuhalten, Menschen zu konfrontieren und Gewalt zu widerstehen.

Ich glaube, daß die Geschichten, die später von Jesus erzählt und von den Evangelisten aufgeschrieben wurden, Menschen seitdem vielerlei Lebensimpulse gegeben haben.

Ich glaube, daß diese Geschichten auch heute noch Lebenshilfe sein können, so daß

- »Blinde« sehen,
- »Lahme« gehen,
- »Aussätzige« rein werden,
- »Taube« hören,
- »Gefangene« frei werden,
- ja sogar »Tote« wieder aufstehen,

Menschen, die so zu sich selbst finden, sich verändern, zu vertrauen lernen, frei werden von Belastungen und Verantwortung übernehmen für sich *und* für andere und auch für unsere Welt.

MARION HARNISCH, BONN

Das macht Sinn

Ich glaube an die gemeinsamen Wurzeln aller Religionen.
Ich glaube an eine Heimat außerhalb meines Denkens.
Ich fühle mich geistesverwandt mit den Kräften,
die den Aufstand der Liebe gegen den Haß
immer wieder neu organisieren.

Ich bekenne, daß meine Bequemlichkeit, mein Wegschauen
und meine Angst vor der Meinung der anderen
die leise Stimme in mir immer wieder zum Verstummen bringen.
Aber sie läßt nicht nach, bis ich wieder –
angespornt durch Gleichgesinnte – mit meinen Möglichkeiten
aktiv am Aufbau einer Dorfgemeinschaft Erde teilnehme.
Das macht Sinn. Das Oberflächliche wird wertlos.

Ich glaube an die Kraft der Vergebung –
im Alltag und zwischen den Völkern.
In den Augenblicken der Überwindung ereignet sich fühlbar
das Wunder einer weltumspannenden Liebe.
In ihr lohnt das Leben, gestern, heute und morgen.

ERICH PELZ, KÖLN

Das Leben ist unzerstörbar

Ich glaube an Gott, den Schöpfer des Weltalls, der allem Lebendigen Vater und Mutter ist. Ich glaube, daß Jesus von Gott in die Welt gesandt wurde, um von Seiner Liebe zu künden und den Menschen die Daseinsangst zu nehmen. Jesus, von Maria geboren, litt später unter Pontius Pilatus. Nach Jesu Tod am Kreuz zeigte er sich den ihm Nahestehenden als Auferstandener zur Stärkung des Glaubens.

Es ist eine gute Vorstellung, sich Gott wie eine Sonne zu denken, deren Strahlen alles Leben auf Erden mit Wärme durchdringen. Ich glaube, daß alles Lebende unsterblich und den von Gott geschaffenen Naturgesetzen unterworfen ist. Aborigines sprechen von einer Traumzeit nach dem Tod. Ich glaube vielmehr, daß wir hier in einer Traumzeit leben und erst nach dem Tod in die Realität eintreten. Mein Glaube gründet sich auf der Tatsache, daß sich das Erdenleben zwischen Vergangenheit und Zukunft bewegt; denn die Gegenwart ist nicht faßbar. Sie existiert in einer anderen Dimension. Die Materie des Körpers stirbt immer wieder ab und erneuert sich bis zum Tod. Von einem Erwachsenen ist auch nicht eine stoffliche Zelle aus Kinder- und Jugendtagen mehr vorhanden, obwohl er die gleiche Person bleibt. Ist es da nicht logisch, daß mit dem Tod nur das Stoffliche vergeht? Das Leben selbst - die Persönlichkeit (auch von Pflanzen und Tieren) ist unzerstörbar.

Religion ist meines Glaubens nach nur die jeweilige Form der Anbetung des Göttlichen.

Die Hölle machen sich die Menschen selbst. Ihre Freiheit besteht meiner Erfahrung nach nur darin, ihr Gesetz, wonach sie angetreten, zu akzeptieren oder unglücklich und hoffnungslos dagegenzusteuern. Als Sünde bezeichne ich alles, was gegen die Naturgesetze verstößt. Ich glaube auch, daß sich jede Schuld in irgendeiner Form auf Erden rächt.

Die Jungfrauengeburt, die Weihnachtsgeschichte sowie einige der Jesusgeschichten verweise ich in das Reich der Mythologie und der Legenden.

INGEBORG WENZLER, SPAICHINGEN

Credo einer Gottsucherin

Oh Gott, es hat Zeiten gegeben
da war mein Gebet ein Fluch
meine Schuld, meine übergroße Schuld
gar nicht meine Schuld.

Oh Gott, es hat Zeiten gegeben
da habe ich Dich schlichtweg übersehen
stellte Dich unter Quarantäne
suchte meine Götter woanders.

Ich glaube an Gott
unsichtbar in dieser gottlosen Zeit
eine Kraft, die in allem wohnt
eine Ohnmacht, die ihresgleichen sucht.

Ich glaube an Jesus, das Kind Marias
an die gekrümmte Frau, die gerade ihres Weges geht
an Thomas, den Ungläubigen
an Hiob, den Verzweifelten
an Maria von Magdala, die ihn liebte
an Petrus, der ihn verleugnete
immer wieder.

Ich glaube an die Weisheit Gottes
wie sie sich bewegt über den Meeren
dieser Welt, da ist ihr Hauch zu spüren
ihr Schatten streichelt unsere Seelen.

Vom Brot der fremden Frau Weisheit aß ich
ich kostete den Wein, den sie mischte
sie rief laut auf der Straße
an vielen Orten erhob sie ihre Stimme
Sie predigte vor den Toren der Stadt
in den leeren Kathedralen
den zerstörten Synagogen
und den gespaltenen Moscheen

Ich glaube an die Momente des Seins
die werden
von Angesicht zu Angesicht
Stück für Stück
in einem erzählten Wort.

HEDWIG MEYER-WILMES, KLEVE

Eine Kraft, die alles durchdringt

Ich glaube an eine Gottheit, unvorstellbar, unbegreiflich enthoben unserem begrenzten Wissen von Raum und Zeit, und doch erfahrbar tief in mir und in der Welt um mich herum.

Sie, die Gottheit, hat sich uns offenbart in Geschichte und Welt, in Tieren und Menschen, und auf ihre besondere Art und Weise offenbart sie sich Tag um Tag.

Ich bin in diesem europäischen Kulturkreis geboren und als Christ getauft. Jesus Christus ist für mich ein Mensch, der absolut mit der Gottheit verbunden war, total durch sie und mit ihr lebte. Er zeigt mir den Weg zu Gott; er offenbart mir begreifliche göttliche Eigenschaften.

Gott ist die Liebe, Güte, Gott ist Verständnis und Vergebung.

Ich darf der Gottheit immer vertrauen; ich bin in ihrer Hand geborgen. Von der Gottheit strömt eine Kraft aus, die alles durchdringt. Diese Kraft kann ich spüren und erfahren. Sie bringt mir Freude, Mut, Kraft und Gelassenheit Es ist eine Gnade, in dieser Kraft zu stehen; es ist die Hilfe, abgrundtiefe Ängste und Dunkelheiten zu durchstehen.

Ich glaube, daß mit dem Tod nicht alles zu Ende ist; ich glaube, daß etwas Neues, total Anderes, Aufregendes, unglaublich Schönes beginnt. Gegen alle existierenden Widrigkeiten sage ich:

Credo, ja, ich glaube!

HILDEGARD NIKODEM, MENDEN

Das muß ich nicht unbedingt glauben

Die Bemühungen Hans Küngs, dem modernen Menschen beim Verständnis der uralten Glaubenssätze mit umfassenden Erläuterungen und Erklärungen Hilfestellung zu leisten, dürften vor allem für seine Amtsbrüder und all jene nützlich sein, die sich zweifelnden Zeitgenossen gegenüber sehen und hier eine Fülle von Argumenten vorfinden.

Ob der einzelne skeptische Christ – wenn er denn wirklich alle Erläuterungen, Erklärungen, Argumente durchliest und auf sich wirken läßt – davon einen Gewinn hat, erscheint mir äußerst fraglich. Auf mich wirkt das ganze wie der Versuch, neuen Wein in alte Schläuche zu gießen.

Positiv ist allerdings die Anregung, sich selbst Rechenschaft über den persönlichen Stand zu den Glaubenssätzen abzulegen, die man aus Gewohnheit und der Gemeinschaft zuliebe ohne viel Nachdenken im Gottesdienst mitspricht.

Wenn ich ganz ehrlich bin, haben im Glaubensbekenntnis nur 3 Punkte für mich Bedeutung:

- Ja, ich glaube an Gott – in einem naiven, unreflektierten Kinderglauben, den ich weder intellektuell begründen oder erläutern mag. Dieser Glaube gibt mir in allen Lebenssituationen, Höhen und Tiefen, Halt und Geborgenheit.
- Jesus ist für mich ein außergewöhnlicher, genialer Mensch, geprägt von einem heiligen Geist, dessen Wirken und Predigen, Leben und Leiden, vor allem in seiner Liebe zu den Menschen für uns alle ein Vorbild sein sollte, dem wir nachzueifern haben. Ob seine Geburt göttlich war, ob er auferstanden ist und anderes mehr, das muß ich nicht unbedingt glauben.
- Der wichtigste Glaubenssatz ist der über den »Heiligen Geist«, allerdings ist er für mich nicht auf das Christentum beschränkt. Wo und wer auch immer den Bedürftigen, Notleidenden, Erniedrigten Gutes tut, der ist vom Heiligen Geist beseelt und handelt, wie ein Christ handeln sollte, auch wenn es sich vielleicht um einen Anhänger einer anderen Religion oder um einen Atheisten handelt.

Und in diesem Sinne – auch wenn Sie das vielleicht schockiert – habe ich als alleinstehende Mutter zu DDR-Zeiten viel Positives erfahren. Die Bemühungen des heute so geschmähten Realsozialismus, in den Arbeitskollektiven gute zwischenmenschliche Beziehungen zu entwickeln, waren vielfach erfolgreich und haben sich teilweise bis heute (allerdings kaum innerhalb der Arbeitssphäre) fortgesetzt. Wie es in der heutigen, vom Geld geprägten Gesellschaft aussieht, brauche ich kaum zu erläutern.

MARIANNE GRÖSCHKE, BERLIN

In dieser Gewißheit kann ich froh leben

Ich glaube an Gott.
In Liebe hat er alles Lebendige geschaffen.
Sein Wort gibt allem Leben den Atem.
Durch seine Treue erhält er alle seine Geschöpfe.
Gott hat alles wunderbar gemacht.
In dieser Gewißheit kann ich froh leben.

Ich glaube an Jesus Christus.
In Liebe versöhnt er das Zertrennte.
Gekreuzigt und auferstanden befreit er zum Leben.
Durch ihn wird Umkehr möglich.
Christus schenkt wahre Freiheit.
In dieser Freiheit kann ich vertrauensvoll lieben.

Ich glaube an den Heiligen Geist.
In Liebe öffnet er der Welt die Augen.
Er bringt Menschen als Gemeinde zusammen.
Sein Hauch trocknet die Tränen.
Wunden heilen durch seinen Trost.
Der Heilige Geist weckt Kraft und Mut.
In dieser Hoffnung kann ich verantwortlich durch das Leben gehen.

Amen.

BETTINA ROTH, ESSEN

Quelle aller Lebenskraft

Ich vertraue der Kraft,
die allem Lebendigen innewohnt,
die Starres zerfallen läßt und
Werdendem Raum schafft.

Ich vertraue der Kraft,
die Spannungen aushalten läßt,
damit Neues Gestalt werden kann.

Ich vertraue der Kraft,
die in jeder von uns zu Hause ist,
einer Quelle gleich, die gefunden werden will.

Ich vertraue der Kraft,
die mich in Dunkelheit begleitet,
die mir Licht verheißt.

Es ist die Kraft,
die mich meine Dunkelheit annehmen läßt,
die mich befreit,
andere anzunehmen,
so daß sich
ein Licht am anderen entzünden kann.

Es ist die Kraft,
die Gerechtigkeit *und* Ungerechtigkeit,
Frieden *und* Unfrieden umschließt.

Vielleicht ist es die Liebe.

WALTRAUD M.-L. WIEN, MÖTZINGEN

Nie hilflos und entmutigt

Ich glaube, daß jeder Mensch ein »Ebenbild Gottes« ist und somit mehr als seine irdische, naturwissenschaftlich belegbare Existenz. Ich glaube, daß hierin die wahre Schaffenskraft des Menschen begründet ist. Der Mensch braucht Gott, und Gottes Existenz entfaltet sich zu allen Zeiten in seinen Beziehungen zu den Menschen. Für mich bedeutet das, daß dieser Teil meines Wesens zwar Ausgangspunkt und Grundlage meiner Verantwortung ist, er sich aber gleichzeitig meiner Verfügbarkeit entzieht. Er ist mir geschenkt – ob ich das nun will oder nicht - und er ist nicht das Produkt meiner Leistung. Glaube heißt: Dies zu erahnen und sich immer wieder neu darauf auszurichten.

Mehr noch als an den Feiertagen meines Lebens erfahre ich das »Vertrauen schaffende« und das »Befreiende« dieser Beziehung zu Gott an den Tagen, an denen ich mich meinen Fehlern und meinem Scheitern stellen muß. Erst die göttliche, durch Jesus manifestierte Verheißung, Verzeihung zu finden, jeden Tag neu anfangen zu können, erst die Gewißheit, nie fertig und immer nur auf dem Weg zu sein, macht die oftmals vergeblichen Bemühungen meines Lebens erträglich. Sie hilft mir, mich selbst und die Welt anzunehmen. Deswegen empfinde ich gerade die dunklen und leidvollen Teile der Glaubensüberlieferungen als authentisch und aussagekräftig für mein persönliches Leben, weil sie diese existentiellen Erfahrungen nicht ausblenden, nie hilflos und entmutigend im Scheitern verharren, sondern eine hoffnungsvolle Perspektive entfalten.

Gerade in einer Zeit, in der auch ich erfahre, daß sich die Biografien und Lebensentwürfe der Menschen nicht mehr so linear und widerspruchsfrei entwickeln lassen wie früher, ist mir mein Gott wenn schon nicht zu einer eindeutigen Handlungsanweisung, so doch zu einer Art persönlicher Heilszusage und Faustpfand geworden. Die gläubigen, kirchlichen Traditionen kann ich zwar nur rational oder rituell nachvollziehen, aber gerade meine Einbindung in die kirchliche Gemeinschaft hat mich gelehrt, daß mein Angenommensein von Gott nichts Exklusives ist. Mit meinen Fehlern und Fähigkeiten bin ich ein von Gott gewolltes Mitglied einer großen Leidens-, Hoffnungs- und Heilsgemeinschaft.

ROLAND MENGES, KRONSHAGEN

Woran ich glaube denen zuliebe, die ich liebe

Ich glaube, daß Gott gegenwärtig ist
in den Tränen,
die eine Frau zum erstenmal weint nach einer zerbrochenen Ehe.
Ich glaube, daß Gott gegenwärtig ist
in dem Mut,
den ein Kind besitzt, sich zu wehren gegen die Tyrannei seiner Eltern.
Ich glaube, daß Gott gegenwärtig ist
in dem Aufstand der Farbigen
in Alabma und Johannisburg.
Ich glaube, daß Gott gegenwärtig ist
in der Schönheit
einer Koralle oder Muschel am Strand
oder der Musterung der Antilope in der Serengeti.
Ich glaube, daß Gott gegenwärtig ist
in der Größe
der Spiralnebel
und in der Winzigkeit
der Atome.
Ich glaube vor allem, daß er gegenwärtig ist
in jeder Regung der Liebe,
die wagt, sich zu leben,
mitunter sogar gegen den Einspruch heiliger Gesetze.
Ich glaube, daß Gott dort ist,
wo Menschen den Mut gewinnen,
lieber eine Ordnung zu zerbrechen
als das Herz eines Menschen.
Ich glaube,
daß Gott allmächtig ist,
in dem Sinne, daß er ständig neu schafft,
daß er Altes aufgibt, das sich überlebt,
und daß er sich ergießt wie neuer Wein in alte Schläuche.

Ich glaube,
daß Gott die stärkste Energie ist,
die wir seit 12 Milliarden Jahren im Herzen der Evolution beobachten.
Ich glaube,
daß Gott hörbar wird im Schweigen,
gegenwärtig wird im Mitleid
und stark sein kann im Widerstand.

Und ich denke, daß der, der sagt, er glaubt an Gott, gleichzeitig sagt:

Es gibt eine andere Welt als die Logik des 2 + 2 = 4.
Es gibt eine andere Realität als die, die wir sehen können.
Es ist besser, als Traumwandler nachts auf den Dächern zu gehen und nach fernen Sternen zu greifen, als mit beiden Beinen auf der Erde zu stehen und ewig sicher zu sein.
Es ist möglich, den Illusionen und den Träumen, die in unserem Herzen liegen, nach der Weise der Künstler mehr Realität zuzugestehen als der Dauerdreinrede »Die Wahrheit aber ist blutig, grausam und roh«.
Es gibt etwas zu hoffen jenseits der Menschen.
Es gibt etwas zu glauben jenseits der menschlichen Geschichte.
Es gibt Wahrheiten,
die lebendig machen
und in Dienst nehmen
und Verantwortung schenken
außerhalb dessen, was pragmatisch vernünftig ist.

Es ist möglich, Menschen so zu lieben,
daß ihre eigene Person sich darunter formt,
und sie werden entdecken,
daß das, was sie trägt,
selber eine Person sein wird
jenseits aller menschlichen Vermittlung.

Daran glaube ich denen zuliebe, die ich liebe.

DIESER TEXT VON EUGEN DREWERMANN WURDE UNTER ANDEREM EINGESENDET VON ELKE HOFFEIGNER, BÖBLINGEN

Drinnen leben

1. *Der persönlich erfahrbare Glaube*

Für mich wird Glaube erst dann lebendig, wenn er persönlich erfahrbar, erspürbar, be-geh-bar wird.

Festgesetzte, fertig formulierte Glaubenssätze, wie z. B. »Du sollst, du mußt ...«, können dabei wenig hilfreich sein. In der Weitergabe des Glaubens wird es notwendig sein, das wirklich »Lebendige« der Botschaft Jesu, die Frohbotschaft – die Botschaft des bedingungslos liebenden Vaters – in den Mittelpunkt zu stellen.

2. *Gott finden heißt: mich selber finden*

Der Weg zu Gott ist immer der Weg zu mir selber, zu meiner eigenen Mitte, wo ich – losgelassen vom »Ich« - meinen Seinsgrund erspüren kann, wo Gottes Grund und mein Wesensgrund eins werden können.

3. *Im Leben »drinnen« sein*

Von Meister Eckart stammt der scheinbar einfache Satz: »Ich lebe ohne Warumwillen, ich lebe um des Lebens selbst willen.« Das bedeutet: Ich lebe das Leben selbst. Losgelassen vom »Äußeren«, bin ich im jeden Tun, in jeder Handlung »drinnen« (ob lieben, leiden, denken ...) – ich lebe offen und frei im »Jetzt«.

Diesen Weg des »Drinnenseins« zeigte und lebte uns Jesus vor.

KLAUS DANNER, TRAUNREUT

Gott hat viele Namen

Ich glaube an Gott, der mir und allen Menschen der Erde Vater und Mutter, und der mein Ursprung ist.

Ich glaube, daß er es gut mit mir meint und mit mir ist in guten und in schweren Tagen.

Ich glaube, daß Gott sich jedem Suchenden offenbart, daß er viele Namen hat, unter denen er angerufen wird: Jahwe, Gott, Allah und noch viele mehr! Alle Namen, die Menschen einem höheren Wesen geben, meinen Gott.

Gott ist in seiner Ganzheit von keinem Menschen zu erkennen. Deshalb haben Menschen ganz unterschiedliche Vorstellungen von ihm: Jede/r erkennt einen größeren oder kleineren Anteil seiner Eigenschaften. Gott ist so umfassend, daß selbst widersprüchliche Aussagen auf ihn zutreffen können. Niemand und auch keine Religion hat die allgemeingültige Sicht Gottes. Mystiker aller Religionen erkennen Gott vielleicht am umfassendsten und sind sich in ihrem Erkennen oft sehr viel näher als Menschen unterschiedlicher Strömungen der gleichen Religion.

Ich glaube an Jesus. Er ist Sohn Gottes und mir ein Bruder. Auch ich bin ein Kind Gottes, seine Tochter. Jesus zeigt mir den Weg zu Gott. Es gibt noch andere Söhne und Töchter Gottes, die mir den Weg zu ihm weisen: M. Gandhi, M.L. King, Maria, Jesu Mutter, Luise Rinser und noch viele, deren Namen nicht öffentlich bekannt sind. Viele davon sind mir Wegweiser geworden, nicht durch ein vollkommen vorbildliches Leben, sondern manchmal durch eine Tat oder einen Satz. Ich hoffe, daß ich als Tochter Gottes auch manchem ein Stück Weg zeigen kann!

Ich glaube an den Geist Gottes, den Heiligen Geist, der in der Welt ist und immer wieder spürbar wird. Diesen Geist suche ich zu erfahren in allen Dingen und Menschen, die mir begegnen, auch in schlimmen Erlebnissen und Erfahrungen. Ich glaube an die Auferstehung der Toten, wie ich selbst schon das Auferstehen meiner Seele aus tiefster Dunkelheit erlebt habe. Ich erwarte eine Begegnung mit den schon Gestorbenen und glaube daran, daß die Liebe, die zwischen Menschen ist, mit dem Tod nicht einfach zu Ende geht, denn sie ist etwas vom Geist Gottes.

Ich glaube, daß Kirchen und Religionen gute Begleitung auf dem Weg zu Gott sein können.

Ich glaube, daß ich am Ende meines irdischen Lebens Gott erfahren kann in einer Dimension, die ich im Leben nicht fassen könnte.

MARIA KRONENBERG, TRIER

Wie entstanden die alten kirchlichen Glaubensbekenntnisse?

VON JEAN–LOUIS GINDT

Sagen wir es gleich vorweg: Jesus hat kein Credo aufschreiben lassen. Nach seinem Tod und aus dem Auferstehungsglauben heraus entstanden erste Bekenntnisformeln wie »Jesus ist der Kyrios (Herr)« oder »Jesus (ist der) Christus«. Paulus übernimmt bereits urchristliche Bekenntnisformeln. So verkündet er »*das Evangelium von seinem Sohn, der dem Fleisch nach geboren ist als Nachkomme Davids, der dem Geist der Heiligkeit nach eingesetzt ist als Sohn Gottes in Macht seit der Auferstehung von den Toten, das Evangelium von Jesus Christus, unserem Herrn*« (Römerbrief, im ersten Kapitel).

Heute sind in den christlichen Kirchen zwei Credos im liturgischen Gebrauch, das »Apostolische Glaubensbekenntnis« und das längere Credo der Konzilien, das »Nizäno-Konstantinopolitanische Glaubensbekenntnis«. Als Kurzfassungen sind uns geläufig: »Apostolikum« und »Nicänum«.

● Das Apostolische Glaubensbekenntnis zeichnet sich als einfache erzählende Zusammenfassung des christlichen Glaubens aus. Seit Anfang des 2. Jahrhunderts kennen wir das römische Taufbekenntnis, das Identitätsmerkmal, das »SYMBOLON« des Christen. Gegen Ende des 4. Jahrhunderts nennt Ambrosius von Mailand es erstmals das »Apostolische Glaubensbekenntnis« (»Symbolum Apostolorum«), nicht weil die Apostel es formuliert hätten, vielmehr aber, weil diese Glaubenswahrheiten seit dem Anfang der christlichen Kirche gelehrt wurden. Erst im 5. Jahrhundert wurde das Credo in Südgallien in seiner heutigen Sprachgestalt ausformuliert.

Karl der Große ließ es im 9. Jahrhundert in seine Reichsgesetze schreiben, und im 10. Jahrhundert wurde es von Kaiser Otto dem Großen in Rom als Taufbekenntnis eingeführt. Im 16. Jahrhundert schrieb das Konzil von Trient es für die römisch-katholische Kirche als Grundlage der katechetischen Unterweisung vor. Ebenso gilt es als Glaubensnorm für die Kirchen der Reformation.

● Das Nizäno-Konstantinopolitanische Glaubensbekenntnis ist das Ergebnis der vier ökumenischen Konzilien, welche einberufen wurden, um die theologischen und christologischen Streitigkeiten im vierten und fünften Jahrhundert zu lösen.

Nachdem Kaiser Konstantin im Jahre 313 für das ganze Römische Reich uneingeschränkte Religionsfreiheit verkündet hatte, brach unter den Christen die Kontroverse aus, ob Christus Gott oder Halbgott sei.

Für Arius aus Alexandrien war Christus *Gott ähnlich*, Christus sei Gottes vornehmstes und wichtigstes Geschöpf. Für den Diakon und späteren Bischof von Alexandrien, Athanasius, war jedoch klar, daß Jesus nur als Gottmensch Erlöser sein könne. Nur ein Sohn Gottes, *eines Wesens mit dem Vater*, der Mensch wurde, könne die Menschen »vergöttlichen«, zu Gott hinführen.

Das noch von Kaiser Konstantin einberufene und geleitete ökumenische Konzil von Nikaia (Nicäa) entschied im Jahre 325: Durch Christus ist der einzige und wahre Gott gegenwärtig. *»Jesus Christus ist Gottes eingeborener Sohn, Gott von Gott, Licht vom Licht, wahrer Gott vom wahren Gott, gezeugt, nicht geschaffen, eines Wesens mit dem Vater; durch ihn ist alles geschaffen.«*

Kaiser Theodosius erhob 380 das Christentum zur Staatsreligion und forderte »alle Völker« seines Reiches auf, den Glauben an die eine Gottheit des Vaters, des Sohnes und des Heiligen Geistes in gleichartiger Majestät und heiliger Dreifaltigkeit (»trinitate«) anzunehmen. Um den arianischen Glauben, der Heilige Geist sei nur ein »Diener«, ein »Geschöpf« Gottes, definitiv zu verurteilen, mußte der Kaiser im Jahre 381 das zweite ökumenische Konzil in Konstantinopel einberufen. Dieses Konzil definierte den Heiligen Geist als den Geist, *»der Herr ist und lebendig macht, der aus dem Vater und dem Sohn hervorgeht, der mit dem Vater und dem Sohn angebetet und verherrlicht wird, der gesprochen hat durch die Propheten«*.

Trotz dieser Entscheidungen gingen die theologischen Streitigkeiten weiter: »Wie kann der eine Jesus Christus göttliches und menschliches Wesen sein?« Um diese christologische Frage stritten am Anfang des 5. Jahr-

Das Apostolikum

Ich glaube an Gott,
den Vater, den Allmächtigen,
den Schöpfer des Himmels und der Erde.

Und an Jesus Christus,
seinen eingeborenen Sohn, unsern Herrn,
empfangen durch den Heiligen Geist,
geboren von der Jungfrau Maria,
gelitten unter Pontius Pilatus,
gekreuzigt, gestorben und begraben,
hinabgestiegen in das Reich des Todes,
am dritten Tage auferstanden von den Toten,
aufgefahren in den Himmel;
er sitzt zur Rechten Gottes,
des allmächtigen Vaters;
von dort wird er kommen,
zu richten die Lebenden und die Toten.

Ich glaube an den Heiligen Geist,
die heilige christliche Kirche,
Gemeinschaft der Heiligen,
Vergebung der Sünden,
Auferstehung der Toten
und das ewige Leben.

Amen.

Das Nicänum

Wir glauben an den einen Gott,
den Vater, den Allmächtigen,
der alles geschaffen hat,
Himmel und Erde,
die sichtbare und die unsichtbare Welt.

Und an den einen Herrn Jesus Christus,
Gottes eingeborenen Sohn,
aus dem Vater geboren vor aller Zeit:
Gott von Gott, Licht vom Licht,
wahrer Gott vom wahren Gott,
gezeugt, nicht geschaffen,
eines Wesens mit dem Vater;
durch ihn ist alles geschaffen.
Für uns Menschen und zu unserm Heil
ist er vom Himmel gekommen,
hat Fleisch angenommen
durch den Heiligen Geist
von der Jungfrau Maria
und ist Mensch geworden.
Er wurde für uns gekreuzigt unter Pontius Pilatus,
hat gelitten und ist begraben worden,
ist am dritten Tage auferstanden nach der Schrift
und aufgefahren in den Himmel.
Er sitzt zur Rechten des Vaters
und wird wiederkommen in Herrlichkeit,
zu richten die Lebenden und die Toten;
seiner Herrschaft wird kein Ende sein.

Wir glauben an den Heiligen Geist,
der Herr ist und lebendig macht,
der aus dem Vater und dem Sohn hervorgeht,
der mit dem Vater und dem Sohn
angebetet und verherrlicht wird,
der gesprochen hat durch die Propheten,
und die eine, heilige, allgemeine und apostolische Kirche.
Wir bekennen die eine Taufe zur Vergebung der Sünden.
Wir erwarten die Auferstehung der Toten
und das Leben der kommenden Welt.

Amen.

hunderts der Patriarch von Alexandrien, Kyrill, und Nestorius, der Patriarch von Konstantinopel.

Kyrill vertrat die Lehre, der Sohn Gottes habe die menschliche Natur nur wie ein Kleid angenommen und sprach von der »einzigen Natur« Christi, der gottmenschlichen (Mono-Physis). Deshalb bezeichnet er Maria auch als »Gottgebärerin«. Für Nestorius hingegen konnte die Menschlichkeit Jesu nur gewahrt bleiben, wenn man einen Unterschied zwischen der göttlichen und der menschlichen Natur in Jesus Christus sehe. Maria sei die Mutter des Menschen Jesu und könne nur als »Christusgebärerin« betitelt werden.

Das dritte ökumenische Konzil von Ephesus im Jahre 431 stand ganz unter dem Einfluß von Kyrill. Nestorius wurde verurteilt, und Maria wurde der Titel *»Gottesgebärerin«*, Mutter Gottes, zuerkannt.

Dennoch waren die christologischen Streitigkeiten nicht beendet. Wie sind das Göttliche und das Menschliche in Jesus Christus in Einklang zu bringen? Eine einzige göttliche Natur in menschlicher Erscheinung? Oder zwei Naturen: Gott wird nicht Mensch, er verbindet sich nur mit einem Menschen?

Kaiserin Pulcheria und ihr Mann Markian riefen 451 das vierte ökumenische Konzil von Chalkedon ein. Ein Schreiben des Bischofs von Rom, Leo I., sollte die Lösung zur Beendigung der Kontroverse bringen. So hielt das Konzil in seiner christologischen Formel fest: *»Der Sohn, unser Herr Jesus Christus, ist ein und derselbe. Der eine und selbe ist vollkommen der Gottheit und vollkommen der Menschheit nach, wahrer Gott und wahrer Mensch ..., der in zwei Naturen unvermischt, unverwandelt, ungetrennt und ungesondert besteht. Wir bekennen nicht einen in zwei Personen getrennten und zerrissenen, sondern einen und denselben einziggeborenen Sohn, das göttliche Wort, den Herrn Jesus Christus.«*

JEAN-LOUIS GINDT IST RELIGIONSPÄDAGOGE IN LUXEMBURG

Gott braucht uns

Ich glaube, daß der Ursprung des Universums und allen Lebens
die Liebe ist:
Was die Welt im Innersten zusammenhält, ist Liebe, ist Gott.
Auf den Menschen hin gesagt:
Liebe hat uns ins Dasein gebracht.
Liebe verweist uns täglich auf den/die andern.
Liebe verbindet uns zum Lebensaustausch auf Gegenseitigkeit.
Ich glaube an das Leben mit all seinen Tiefen und Höhen:
in allem selbst-erlebten und miterlebten Leid steckt
ein intensives Lern- und Entwicklungspotential, das
den Keim zur Heilung der menschlichen Beziehungen und
Verhältnisse enthält, die Natur eingeschlossen.
Ich glaube an die paradoxe Einheit von Gott und Welt.
Ich glaube: *Gott braucht die Menschen* zur Bewahrung und Entwicklung der Schöpfung.

Ich glaube an die konkrete schöpferische Wirksamkeit des Satzes,
den Jesus nach Matthäus 18, 20 ausgesprochen hat (frei übersetzt:)
Wo wenigstens zwei Menschen im Namen und im Geist aufrichtiger Aufmerksamkeit und Anteilnahme füreinander und für die Angelegenheit beisammen sind, da ist Gott, da ist Christus, da ist Liebe mit ihrem schöpferischen Potential zu Ko-Evolution am Werk.

Ich glaube – trotz allem! – an die Überwindbarkeit und den Ausgleich aller mitmenschlichen Vorurteile *und an die gute Nachbarschaft aller Menschen*: Jede/r kann beitragen zur Atmosphäre der Nachbarschaft.

Ich vertraue auf eine schöne und große Überraschung im Sterben.

PETER OTTO MICH. MAIER, FÜRTH

Fürchte dich nicht

Jesus, dem Mensch Gewordenen traue ich.
Er ist der Weg,
hat die Liebe zum Feind gelebt,
Beladene und Geschundene aufgerichtet, Heilung geschenkt.
Er hat noch in der Fratze des Bösen den Menschen gesehen,
Trendsettern die Luft abgelassen,
Besserwissern und Selbstgerechten die richtigen Fragen gestellt.

Dem Gekreuzigten und dennoch Lebenden vertraue ich.
Er ist die Wahrheit,
hat die Todverfallenheit der Welt durchkreuzt,
für das Leben seiner Schöpfung steht er auf
aus der Verlassenheit zu neuer Gemeinschaft.
Er setzt Grenzen, wo grenzenlose Freiheiten Opfer und Tod bringen,
sprengt Grenzen, wo Leben verletzt, behindert oder eingesperrt wird.

Dem Begeisternden, aber nicht Fanatischen vertraue ich mich an.
Er ist das Leben,
sucht mich in meiner Zeit in der Verantwortung für das Nächstliegende,
trägt durch hoffnungsvolle Menschen sein geistreiches Wort
in Mutlosigkeit, Erstarrung und Schuld,
und läßt erfahren: Fürchte dich nicht,
befreit und bei deinem Namen gerufen, gehörst du immer zu mir.

HANSJÖRG WEBER, DAADEN

Nichts ist ohne Verbindung zum Ganzen

Ich vertraue auf das,
was nicht von Menschen geschaffen ist,
auf das kosmische Geschehen
und all das,
was daraus hervorgeht.

Ich vertraue,
und nichts ist schlecht von dem,
was ohne den Menschen entstanden ist.
Nichts ist häßlich
und nichts mißraten.

Ich vertraue,
und nichts ist verloren,
nichts ohne Verbindung zum Ganzen,
nichts ohne Bedeutung
für das Ganze.

Auf der Basis dieses Vertrauens
glaube ich an einen universalen Sinn,
ein alles umfassendes Geheimnis,
das mich birgt.

HORST DITTRICH, OELDE

Gottes Sprache ist das Leben

Ich glaube, daß mein und alles Leben auf dieser Erde seinen Ursprung hat in einer Tiefe, die weit hinter den Gesetzen von Zufall und Notwendigkeit liegt. Ich glaube, daß alles Sein aus dieser Tiefe lebt, die unverbrüchlich ist und unserer Existenz mitten in aller Veränderung und Brüchigkeit Bedeutung gibt.

Ich glaube, daß die uns tragende Wahrheit, die wir Gott nennen, niemals erfaßt wird vom Absolutheitsanspruch einzelner Religionen und Glaubensvorstellungen. Ich glaube, daß diese Wahrheit nicht in formulierbaren Richtigkeiten aufgeht, sondern da lebt, wo Menschen sich berührt wissen von dem, was die eigenen Grenzen übersteigt, wo sie Unverfügbares spüren und sich dem gegenüber auch verantwortlich fühlen. Ich glaube, daß Gott auch da lebt, wo religiöse Sondersprache gestorben ist, weil die direkte Sprache Gottes das Leben ist, in welchem er uns ohne Umwege begegnet.

Ich glaube, daß der Geist Gottes ein Geist der Liebe und der Freiheit ist. Ich glaube keiner Rede von Gott, die Menschen unfrei und klein macht, sie durch moralische und dogmatische Regelwerke knechtet und über Gerichtsdrohungen Ängste schürt. Ich glaube, daß der Geist Gottes ermutigt zu selbst verantworteten und individuell gestaltetem Leben, das getragen wird vom Bewußtsein der Würde der eigenen Person.

Ich glaube an die radikale Schwester- und Bruderschaft aller Menschen und halte trotz aller Enttäuschung fest an der Vision, daß die Sehnsucht nach dem mich gerade durch seine Andersartigkeit ergänzenden Menschen stärker wird als die Angst vor seiner Fremdheit. Ich glaube, daß alles an einer Hoffnung hängt, die das Wort hoffnungslos immer wieder löscht. Ich glaube, daß Jesus von Nazareth aus dieser Hoffnung heraus alle Grenzen durchbrochen und einen völlig neuen Blick auf Gottes Sein eröffnet hat.

Ich glaube, daß Stärke, die nicht verhärtet, sondern weitet und öffnet, ihre Wurzeln gründet in Grenzerfahrungen von Schmerz, Leid und Verlust, weil sich am spürbarsten dort die Tiefe des Lebens verdichten kann zu der Erfahrung, in allem Fallen aufgefangen und gehalten zu werden. Ich glaube, daß Auferstehung immer wieder möglich wird, weil ein Keim des Lebens in uns gelegt ist, der stärker ist als die vielen Tode, die uns zugefügt werden.

Ich glaube an das mutige Lächeln und das wagemutige Handeln unter salzigen Tränen, das für mich selbst und für meine Welt auf ein Morgen vertraut, in dem der Gott schon wohnt, der mich birgt und den ich liebe.

MARION STECHER, KERNEN

Nur Jesus konnte das

Ich glaube, daß Gott uns nach seinem Bild und Gleichnis geschaffen hat. Darum glaube ich nicht, daß er es für nötig hielt, daß schon Maria ohne Erbsünde empfangen wurde und daß Jesus nicht auf ganz natürliche Art entstanden ist. Denn Gott gab uns den Auftrag, zu wachsen und uns zu vermehren. Ich kann mir vorstellen, daß ein Engel bei Maria war und ihr sagte, daß sie den schon lange erwarteten Messias zur Welt bringen wird als ihren erstgeborenen Sohn.

Zum Glauben ist mir wichtig, wie Jesus mit den Menschen umgegangen ist. So unkompliziert, hilfsbereit und liebevoll konnte er es wohl nur. Aber wenn es nötig war, konnte er auch wütend werden. Also ganz ein Mensch! – Mir ist es auch nicht wichtig, ob Jesus wirklich körperlich auferstanden ist oder ob seine Freunde und die Frauen erst nach seinem Tod begriffen haben, welchen Freund sie da hatten und welche Aufgabe er ihnen hinterlassen hat. Wichtig ist sein Beispiel und seine Lehre. – Außerdem glaube ich, daß Jesus diese Klassenunterschiede in der Kirche nicht geduldet hätte. Auch nicht die Macht, mit der Papst, Kardinäle, Bischöfe und Priester meinen, mit uns Laien umgehen zu sollen, und ganz besonders mit uns Frauen. Wenn alle »Kirchenmänner« uns so behandeln würden wie Jesus seine Mitmenschen, dann wären unsere Kirchen sicher nicht so leer.

FRANZISKA STEPHAN, ALFELD

Gott, unser tragender Grund

Ich glaube an Gott,
den tragenden Grund in meinem Leben.
Ich kann seine Spuren entdecken in
der Schöpfung, in der Stille,
im Guten im Menschen,
in allem Geheimnisvollen des Lebens,
das uns übersteigt.

Ich glaube an Jesus, unseren Befreier.
Durch seine Lebensfreude,
seine kämpferische Solidarität und
seine heilende Zuwendung
kann ich erfahren,
wie Gott mit uns umgeht.
Er er-löst uns von den
Allmachtsphantasien,
alles selber machen zu müssen.

Ich glaube an die Kraft der Freundschaft,
die sich in der lebensspendenden Hoffnung der
Freundin Geist erfahren lässt.
Sie bewegt uns zur Zärtlichkeit und zum
Aufstand für das Leben.
Sie führt uns zusammen, um die Kirche
zu erneuern,
im Engagement für ein Leben vor dem Tod,
für alle
und in der Hoffnung auf ewiges Leben. Amen.

PIERRE STUTZ, NEUCHÂTEL

Will Gott denn Bekenntnisse?

Warum überhaupt ein Credo? Weil das schon immer zum Gottesdienst gehörte?

In einer Liebesbeziehung wird die Liebe, die Verbundenheit, das Einander-Werthalten nicht täglich oder wöchentlich in ritualisierter Form »bekannt«. Oder umgekehrt betrachtet: Wenn eine solche Form des Bekenntnisses stattfände, würde man wohl mit Recht vermuten, daß da etwas herbeigeredet oder in Worten festzuhalten versucht wird, was nie wirklich da war oder längst entschwunden ist. Das echte Liebesbekenntnis kann nichts anderes sein als spontane Äußerung eines inneren Erfülltseins.

Sollte dasselbe nicht auch für unsere »Liebesbeziehung« mit Gott gelten?

Ich glaube, daß Gott nicht darauf aus ist, daß ich überhaupt ein Bekenntnis oder Fahneneide ablege, vielmehr glaube ich, daß das Bedürfnis nach Bekenntnissen, den Glauben, der doch Leben ist, einzufangen, festzuhalten in Worten, Begriffen und Definitionen, dem einseitigen Linke-Gehirnhälften-Bewußtsein entspringt, das eigentlich nur dafür da ist, die Angelegenheiten unserer materiellen Welt zu ordnen, dennoch aber (insbesondere von Männern der Kirche und der Theologie) angewendet wird, um die Höhere Weisheit zu verstehen.

Lebendiger Ausdruck des Glaubens – das ist der Alkoholiker, der kein Glas mehr anrührt, weil er darin nicht mehr Gott sucht. Das ist die Frau, die Gott aus der Schwere ihrer Sorgen heraus leicht werden läßt zum Tanzen – und die das nicht in einer Sonderveranstaltung im Gemeindehaus tut, sondern im Sonntagsgottesdienst Gott mit ihrem Körper preist. Das ist das homosexuelle Paar, das sich seiner Liebesgemeinschaft freut, weil es weiß, daß Gott und nicht die Menschen das letzte Wort darüber zu sagen hat, ob das nun richtig oder falsch ist. Das sind die Arbeitslosen, die den Mut nicht verlieren, weil sie wissen, daß ihr Wert in Gott gründet. Das sind Menschen, die sich von Gott mitnehmen lassen auf aufregende Wege der Entwicklung und Erkenntnis und Selbstfindung ... Ihr Leben bezeugt Glauben auf eine Weise, die sich anderen mit-teilt, die Gemeinschaft der Hoffnung und des Vertrauens stiftet.

Ich glaube, daß ein adäquater Ausdruck des Liebesverhältnisses mit Gott nur einem ganzheitlichen Bewußtsein entspringen kann, und ich wünsche mir, daß die Menschen des 21. Jahrhunderts mehr und mehr dazu kommen, ein solches integriertes Bewusstsein zu entwickeln. Ich wünsche mir, daß immer mehr Menschen bereit werden, Gott an sich wirken zu lassen, daß in ihnen ein Stück Welt zum Besseren hin verwandelt wird, auch dann, wenn diese Umwandlung beinhaltet, alte Muster des Denkens und Fühlens radikal aufbrechen und gewohnte Glaubens- und Lebensformen, auch die altvertrauten Glaubensbekenntnisse, vom Strom der Zeit davontragen zu lassen.

DAGMAR MÜLLER, BRAUNSCHWEIG

Credo an die Schwäche meines Engels

Schutzlos war ich!
    Ich bin nicht Dein Schutz!
Meuchlings das Messer in meiner Brust!
    Ich habe die Klinge aufblitzen sehen.
Im Schmerz verbrannte meine Seele.
    Ich habe das beißende Feuer gerochen.
Die Nacht hat mich verschluckt.
    Ich konnte die Finsternis nicht durchdringen.
Schutzlos war ich!
    Ich bin nicht Dein Schutz!
Was tust Du dann an meiner Seite?
    Ich bin Dein Begleiter.
Und Deine Stärke?
    Ich bin Dir treu.
Und Deine Schwäche?
    Ich liebe Dich.

KARIN E. LEITER, WIEN

Gott, der das Heil aller Menschen will

Der Kernsatz des christlichen Glaubens besteht für mich in dem Bekenntnis, daß alles Dasein grundlegend ein Geschenk ist, das Gott seinen Geschöpfen hat zuteil werden lassen. Dieses gilt auch und gerade für den Menschen, und zwar jeden einzelnen, der sich allererst - trotz aller Schuld und ohne jegliche Leistung - von Gott geliebt und anerkannt wissen darf. Daß damit kein billiges »Ja und Amen« gemeint ist, sondern eine praktisch folgenreiche Unterscheidung der Geister, mit denen wir es Tag für Tag zu tun haben, bringt das christliche Taufgelöbnis mit seinem dreifachen »Ja« und dreifachen »Nein« deutlich zum Ausdruck. Mit Blick auf die Herausforderungen der Gegenwart möchte ich dieses anhand einiger der elementaren Credo-Artikel durchzubuchstabieren versuchen:

- Als Ja zum Gott, der der ganzen Schöpfung ihr Leben spendet, läßt der Glaube sensibel werden für alles, was dieses Leben bedroht oder gar vernichtet. Für treffend halte ich die Formulierung eines Theologen, der die Christen und Christinnen einmal als Widerstandsbewegung für das »Leben in Fülle« (Johannesevangelium 10, 10) - von seinen Anfängen bis zum Ende - bezeichnet hat.
- Als Ja zum Gott, der allein heilig ist, widersetzt sich der Glaube allem, was an die Stelle Gottes zu treten bestrebt ist und seine Heiligkeit für sich beansprucht. Ohne daß daraus eine Technikfeindlichkeit erwachsen müßte, läßt der Glaube hellhörig und mißtrauisch werden, wenn Menschen meinen, sich die in der Tradition Gott vorbehaltenen Attribute aneignen zu können: z. B. die Allmacht mit Hilfe der Gentechnologie, die Allgegenwart mit Hilfe der Mikroelektronik.
- Als Ja zum Gott, der sich leidenschaftlich auf die Seite der Arm-Gemachten, Rechtlosen und aus der Gesellschaft Ausgestoßenen geschlagen hat, hält der Glaube zu einer parteilichen Solidarität vorzugsweise mit denen an, die heute einem ähnlichen Schicksal ausgesetzt sind, und läßt gegebenenfalls eigene Nachteile dafür in Kauf nehmen.
- Als Ja zum Gott, dessen Name tief und unbegreiflich mit der Leidensgeschichte der Menschheit verwoben ist, macht der Glaube aufmerksam für alle, die leiden, und gibt er die nicht dem Vergessen preis, die ohne

Schuld haben leiden müssen oder vorsätzlich gar dem Leiden oder der Vernichtung ausgesetzt worden sind. Leiden-schaftlich richtet er sich gegen alle Versuche, das als störend empfundene Leid aus der Gesellschaft einfach verdrängen zu wollen.

- Als Ja zum Gott, der seiner Schöpfung ihre Vollendung verheißen hat, weiß sich der Glaube zur Verantwortung für die Zukunft des Lebens angehalten. Bei all dem läßt er menschliches Scheitern ertragen und gibt die Kraft, weiterzumachen oder neu anzufangen, statt zu resignieren oder dem Zynismus das letzte Wort zu lassen.
- Als Ja zum Gott, der das Heil aller Menschen will, ist es dem christlichen Glauben verwehrt, sich als vermeintlich allein seligmachende Religion absolut zu setzen; sehr wohl hält er in seinen eigenen Reihen dazu an, daß die Christen und Christinnen gemeinsam in der Welt und vor ihr in Wort und Tat glaubwürdiges Zeugnis von ihrer Zuversicht des »Heils von Gott her in Jesus Christus« (Edward Schillebeeckx) ablegen.

NORBERT METTE, MÜNSTER

Resonanzfähig für das Göttliche

Ich glaube an die Existenz göttlicher Schwingungen;
in Beziehungen erfahrbar,
in allen Beziehungen gestaltbar,
in der Stille begreifbar.
Ich glaube an einen göttlichen Rhythmus;
im Wechsel von Ruhe und Gestalten,
im Wechsel von Nähe und Distanz,
im Kreislauf von Leben und Tod.
Ich glaube an die Resonanzfähigkeit für das Göttliche in allem Lebendigen;
in der gesamten Natur mit Pflanzen, Tieren und auch dem Menschen,
im Aufnehmen, Bereichern und Abstrahlen des Göttlichen,
in Vergangenheit, Gegenwart und Zukunft.

RUTH JÄGER, BERLIN

Es spricht nicht viel dafür

Es spricht nicht viel dafür, daß es dich gibt, Gott.
Vielleicht haben die Recht, die dich für eine Projektion halten,
für das Produkt von Wünschen.
Aber: Sollte wirklich hinter allem Sinn die Sinnlosigkeit lauern,
hinter aller Ordnung das Chaos, hinter aller Liebe die Kälte,
hinter allem Vertrauen die Verzweiflung?

Es spricht nicht viel dafür, daß der Mensch mehr ist als ein Tier,
Zufallsergebnis der Evolution, Irrläufer des Kosmos,
im Gefängnis von Bedürfnissen und Aggressionen.
Aber: Sollte der Mensch wirklich ein tragisches Wesen sein
(und auch darin freilich mehr als ein Tier!),
Freiheit erfahrend, die keine ist,
Sehnsucht verspürend, die nie erfüllt wird,
alle Grenzen sprengend und doch im Erdloch hockend?

Es spricht nicht viel dafür, daß in einem galiläischen Rabbi
der Himmel auf die Erde gekommen ist, daß sich in ihm
das tiefste und heiligste Geheimnis als unendliche Liebe kundgetan hat.
Vielleicht war er nichts als ein Wanderprediger, wie andere auch.
Aber: Könnte nicht die Paradoxie des Kreuzes die wahre Weisheit sein?

Es spricht nicht viel dafür, daß der Mensch nicht tot ist,
wenn der Körper zerfällt, daß das Ich nicht erlischt,
wenn die Instrumente verstummen.
Aber: Könnte nicht alles ganz anders sein,
als der Augenschein wahrhaben will:
daß sich in allem Kleinen das Große verbirgt,
in allem Natürlichen das Übernatürliche,
in allem Menschlichen das Göttliche,
in allem Tod das Leben?

Es spricht nicht viel dafür, Gott.
Aber du sprichst dafür.

RUDOLF LAUFEN, DÜSSELDORF

Meine Sehnsucht

- Ich sehne mich nach einem Gott, dem ich vertrauen kann, der mein Leben begleitet und bei dem ich geborgen bin.
- Jesus ist Wegweiser für mein Leben. Sich auf ihn einzulassen gibt meinem Leben einen Sinn.
- Jesus setzte sich für die Entrechteten und Ausgestoßenen ein und hielt Gemeinschaft mit ihnen. Weil er die Liebe zu den Menschen über das Gesetz stellte, wurde er angefeindet; sein Leben endete am Kreuz.
- Jesus ist gestorben. Sein Leben war geprägt durch die Verbindung zu Gott. Nach seinem Tod ging er zu seinem Vater, wurde eins mit ihm. Ich glaube, daß mein Leben ihm wichtig ist.
- Gottes Geist will Erneuerung in mir bewirken, jeden Tag. Ich möchte frei sein für den Geist Gottes, alles Störende möge er von mir fernhalten. Ich fühle mich wohl in einer Kirche, in der Gemeinschaft praktiziert wird von Jung und Alt, die nicht bevormundet, die alle Menschen in ihrer Einzigartigkeit und Verschiedenheit annimmt und offen für ihre Probleme ist. In meinem Leben bin ich auf Vergebung meiner Schuld angewiesen, um wieder neu anfangen zu können.
- Ich glaube, daß ich nach meinem Tod von Gott aufgefangen werde und seine letzte Wirklichkeit erfahre.

MARIA HENSEL, EISENACH

Ich glaube an Gott

– der ein Gott der Liebe ist
– der alles Leben erschaffen hat
und allem Leben Berechtigung und Sinn gibt
– der in Jesus Christus Mensch geworden ist
und sich auch in anderen, nichtchristlichen Religionen offenbart
– der uns in uns selbst, in unseren Mitmenschen
und in der gesamten Schöpfung begegnet,
– der uns nahe ist und Kraft und Mut spendet im Heiligen Geist
– der uns Menschen absolute Freiheit
und damit hohe persönliche Verantwortung überträgt
– der uns vergibt, wenn wir an dieser Verantwortung scheitern,
und uns herausführt aus Schuld und Sünde
– der uns – ohne Ausnahme – aufnimmt ins Licht seiner Liebe
am Tag unserer Vollendung

Amen

ELISABETH HERKENS, AACHEN

Die Seele sehnt sich nach Quellen

Meine Mutter hatte ein Gespür für Zwischentöne - das muß ich von ihr haben.

Die glatten Formeln, der in den harten Marmor gemeißelte Satz, das Dogma - unversehens geraten sie ins Zwielicht der Kritik, die zunächst nicht eine rationale ist. Ich würde sie existential nennen, wenn damit nicht so viele Mißverständnisse verbunden wären.

Schon immer hat mir Lessings Weisheit eingeleuchtet, der die Suche nach der Wahrheit für das humane Maß hielt. Die Wahrheit selbst bleibt Gott vorbehalten.

Je älter ich werde, um so wichtiger werden mir die Worte der Mystiker, die Erzählungen der Gott Suchenden und in Gott Verwurzelten. »Die Wahrheit ist in dir.« Oder sie ist nirgends.

An Christus glauben heißt, Jesus nachfolgen. An Gott glauben, seinen Willen zu tun.

»Und: Gott war nicht im Sturm, sondern in der Stille.« Gott nahe sein heißt auch, gerade heute, die Gottesferne auszuhalten. Dem Wort zu lauschen, aber nicht der Parole unterworfen zu sein. Nach Wittgenstein ist das Tridentinum nur mehr historisch-akademisch nachvollziehbar. Die Botschaft des Glaubens ist vielschichtig, sie geht an die Festen der eigenen Existenz. Sie stellt in Frage, und sie weiß, Hoffnung zu schenken gegen alle Hoffnung.

Dafür haben auch gerade junge Menschen ein Gespür, sie lassen sich ansprechen vom größeren Geheimnis. Als Kind war mir innerlich zutiefst klar, daß Gottes Worte tiefer gingen als alle menschliche Rede. Wüßte die Kirche doch heute mehr davon, sie würde bescheidener sprechen! Menschen würden eine Sprache gewinnen, die sprachlos scheinen und sich hinter dem Amt verstecken.

Mir scheint, die Kirche macht sich schuldig, wenn sie Gottes Rede verdunkelt durch Ehrsucht, Rechthaberei, Machtgelüste. Gott kommt es auf den Menschen an, er spricht jeden Menschen unmittelbar an, wie hölzern wirkt da die Rede der Kirche, das Stammeln ihrer »Amtsinhaber«, die Roben tragen, aber keine Vision mehr in sich haben!

Damals, während des Studiums in Tübingen, da predigte der Pfarrer von St. Johannes gegen Küngs tapfere Worte, und es war nicht heraus, daß der Amtsbruder Joseph (Ratzinger) auf Konfrontationskurs lief. Einem Studenten der Theologie konnte es da passieren, daß er Küng und Ratzinger als Prüfer wählte, res academica.

Wird der Glaube durch derlei nicht berührt?

Meine Lehrer, die ich schätzen lernte, haben sich polar am kontroversen Spektrum angesiedelt - und reden Klartext, wenn sie emeritiert sind, wie Herbert Haag.

Was bleibt, macht nachdenklich, und wenn nicht stumm, dann kleinlaut.

Die tönernen Schellen mag ich nicht mehr hören.

Die Seele sehnt sich nach Quellen, und nicht nach Papier.

FRANZ-JOSEF MEHRING, IBBENBÜREN

Das Heil ist immer im Werden

1. Vorbemerkung

Ich glaube »atheistisch« an Gott mit primärer Orientierung an Jesus (weitgehend im Sinn von Dorothee Sölle). In etwas paradoxer Zuspitzung heißt dies: Ich glaube aufgrund der Menschlichkeit Jesu (»vere homo«), daß es »ein Leben vor dem Tode« gibt. Ob bzw. in welcher Form es ein Leben nach dem physischen Tod (Hirntod) gibt, weiß ich nicht, interessiert mich auch so wenig, daß ich auch mein theologisches Denken auf die Qualität menschlichen Lebens auf dieser Erde konzentriere, das somit die Voraussetzung bzw. der Ort auch für das Geschehen von Heil ist.

2. Heilsverständnis

Ich verstehe unter »Heil« das Gelingen von Leben in seiner Fülle. Dieses Gelingen möchte ich in Anlehnung an S. Freuds Beschreibung des Therapieziels (Liebes- und Arbeitsfähigkeit) beschreiben als die Fähigkeit, genußvoll lieben und sinnvoll arbeiten zu können (wobei der Sinn der Arbeit darin besteht, die Mitwelt, Umwelt und Innenwelt so zu gestalten, daß Liebes- und Arbeitsfähigkeit möglichst vielen Menschen zugänglich werden). Diese Beschreibung von seelischer Gesundheit ist entsprechend einer Definition der Welt-Gesundheits-Organisation so zu verstehen, daß die Lebensfreude die Lebenslast deutlich überwiegt (»gerne leben«).

Zur Fülle des Lebens gehört angesichts des (»unerlösten«) Zustandes der Welt (der »Verhältnisse« im Sinne von B. Brecht) das Ertragenkönnen von Spannungen und Widersprüchen (»Ambiguitätstoleranz«) und der »Widerstand« gegen lebensfeindliche Tendenzen und zugleich das Akzeptierenkönnen der eigenen Grenzen, Behinderungen und Sterblichkeitserfahrungen. Zum Erleben der Fülle gehört die Freiheit von neurotischen Schuldgefühlen bezüglich der Vergangenheit und die Freiheit von übertriebenen Sorgen und Ängsten im Blick auf die Zukunft.

Neben dem individuellen Einklang mit sich und mit der eigenen Natur gehören zur »Fülle des Lebens« auch lebendige Beziehungen zu den Mitmenschen (Liebespartner, Freunde, Nachbarn und fernerstehende Welt-Mitbewohner) und zur Umwelt (»Schöpfung«).

3. Theologische Orientierung

Mein theologisches Verständnis von Heil beschränkt sich nicht auf ein isoliertes individuelles Heil, sei es als (z. B. esoterische) Innerlichkeit oder als (z. B. pietistische) Jenseitigkeit. Als Zustand des Heils verstehe ich die gleichzeitige Bezogenheit auf den eigenen Grund (z. B in der Mystik) *und* Zuwendung zum sozialen und politischen Leben. Der soziale Gesichtspunkt ist durch die Themen bzw. Ideale »Gerechtigkeit, Frieden und Bewahrung der Schöpfung« zentriert. Für die innere Orientierung ist das paulinische und johanneische »Sein in Christus“ (vgl. 2. Korintherbrief 5, 17 und Johannesevangelium 15, 5) und das mystische »Christus in mir« (vgl. Galaterbrief 2, 20) maßgeblich. Dabei ist klar, daß das Heil kein jemals definitiv erreichter Zustand ist, sondern ein erfülltes Leben, das zur Zukunft hin offen ist und von der Hoffnung lebt (für mich und für die Welt, vgl. Römerbrief 8, 19 ff), wobei die Hoffnung durchaus auch paradox sein kann (vgl. Röm 4, 18 und Röm 8, 38 f).

ERICH SCHNEIDER, MÖSSINGEN

Das Gesetz der Liebe und der Harmonie

Ich glaube an Gott, den Vater allen Lebens,
das Gesetz der Liebe, der Harmonie und der Ordnung,
das in mir und dem ganzen Kosmos
immerfort gegenwärtig und lebendig ist,
das mich inspiriert und führt
und das ich in der Übung der Stille erfahren kann.
Ich glaube, daß Jesus Christus, mein Bruder und Meister,
dieses Gesetz in vollkommener Weise gelebt und gelehrt
und mit seinem Sterben bestätigt hat,
was auch mir zugute kommt.
Seine »Auferstehung« gibt mir die Gewißheit
eines Lebens nach dem Tode.

CHARLOTTE SCHUMACHER, ESSEN

Der Ruf nach dem gewaltlosen Gottes-Reich

Ich glaube an Gott, der alles Sein im Universum und darin unsere Erde aus seinem Willen heraus erschuf und ihr einen Sinn gegeben hat. ER ist einzig.

Ich glaube, daß der Jude Jesus aus Nazaret als unvergleichlicher Mensch seine Vorstellungen vom »Reich Gottes« durch sein Leben den jüdischen Menschen seiner Umgebung vorlebte und für diese Ideen auch bereit war zu sterben.

Daß Jesus die Menschen zu einer aufrichtigen Umkehr von ihren gottfernen Taten rufen wollte, und daß Gott allein Schuld vergibt.

Daß Jesus als politischer Verbrecher von den Römern hingerichtet wurde, weil sie seine Botschaft von einem gewaltfreien Gottes-Reich nicht verstanden. Daß Jesu Jünger seine Anwesenheit in ihrem Leben spürten, obwohl er physisch tot war, und daß sie erlebten, wie Leben-schaffend seine Botschaft war, die sie in seinem Namen weiter verbreiteten.

Daß Jesus immer wieder Menschen zur Annahme seiner Ideen ruft – mit und ohne die offiziellen Kirchen, die nach der Loslösung von der jüdischen Idee des Gottesreiches und ohne Jesu Auftrag als Machtinstrument entwickelt wurden.

Ich glaube, daß die ersten Jünger Jesu immer mehr Menschen von Jesu Ideen weitersagten, als ihnen ein geistlicher »Helfer« geschenkt wurde.

Daß dieser »Helfer« Jesu Geist und Sinn ist und die Gemeinschaft von Menschen wirkt, die Gott für seine Arbeit ruft und zu seinen Zeugen werden läßt.

Daß Gott keinen Stellvertreter hat.

Daß der Mensch nach dem Tod vor Gott stehen und über sein Leben Bilanz ziehen wird, weil das Menschenleben nicht mit seiner Körperlichkeit endet.

Daß in Jesu Botschaft keine Spekulation über die Welt nach dem körperlichen Tod des Menschen enthalten ist, weil dieser Teil des Seins in Gottes Gnade liegt.

KAREN SKOWRONEK, KARLSRUHE

Der Kraft Gottes Raum schaffen

Ich glaube an Gott, an eine göttliche Kraft,
die mir in allem begegnen kann, das geschaffen ist,
insbesondere in den Menschen.,
unabhängig von den Zusammenhängen, in denen wir leben,
von den Namen, die wir ihr geben.
Sie ist für mich Leben schlechthin.
Ich glaube an Jesus Christus, meinen Bruder,
der in seinem irdischen Leben uneingeschränkt in dieser Kraft gelebt hat,
auch um den Preis der Verfolgung und des gewaltsamen Todes.
Er hat die Abgründe des Lebens und des Todes erfahren
und ist damit der göttlichen Kraft unmittelbar nahe gekommen.
An seinem Vorbild möchte ich mich messen.
Ich glaube an einen – heiligen – Geist
der Offenheit gegenüber jener gottlichen Kraft,
der Bereitschaft, das zu tun, was uns und die Welt ihr näher bringt,
und zu lassen, was dem hinderlich ist,
an die Möglichkeit, mit anderen Menschen zusammen diesem Geist mehr Raum zu schaffen,
an die Möglichkeit der Umkehr, wenn ich mich von ihm entfernt habe,
und an ein Leben, das über uns und unsere Endlichkeit hinausgeht.

UTE CASPERS, GÖTTINGEN

Die innewohnende göttliche Kraft des Wandelns

Ich glaube an göttliche Kräfte, die dem Zusammenspiel des Universums zu Grunde liegen und auf unserem Planeten Leben ermöglichen.

Diese Kräfte gestalten das Zusammenleben von Pflanzen, Tieren und Menschen auf dieser Erde, die unsere Mutter ist.

Ich glaube, daß alle Wesen, die von der Erde leben, durch diese göttlichen Kräfte miteinander verbunden sind.

Ich glaube, daß jeder Mensch in seiner Einmaligkeit göttlichen Ursprungs ist.

Ich glaube, daß jeder Mensch in Liebe und Achtsamkeit Verantwortung für sich selbst trägt. Daraus erwächst wiederum die Verantwortung für die ganze Erde und alle Lebewesen.

Ich glaube, daß es zu jeder Zeit Frauen und Männer gegeben hat, die besonders viel von der innewohnenden göttlichen Kraft ausgestrahlt und umgesetzt haben, zum Beispiel Buddha, Jesus Christus und Mohammed.

Ich glaube, daß die göttlichen Kräfte alles Denkbare und Undenkbare erschaffen können. Sie wandeln Tod in Leben, Böses in Gutes, Trauer in Freude, Einsamkeit in Miteinander und führen letztlich zu paradiesischer Vollkommenheit.

SABINE SCHÖNBERG-EHLEN, AACHEN

Wir alle sind Söhne und Töchter Gottes

1. *Ich glaube*
   - an Gott als den Schöpfer der Welt, der für uns Menschen als Mutter und Vater vorstellbar ist
   - daß wir die Verpflichtung haben, diese Schöpfung zu bewahren
   - an Jesus als einen Propheten, der in seiner Zeit so lebte, wie er es anderen Menschen predigte, und deshalb glaubwürdig war
   - daß Jesus Sohn Gottes ist, wie wir alle Söhne und Töchter Gottes sind
   - an Jesu Gottesbild vom liebenden und verzeihenden Gott

- an ein Weiterleben nach dem Tod und daß Gott jeden Menschen mit seiner Gnade beschenkt
- daß Jesu Jünger/innen nach Ostern Visionen hatten wie Paulus vor Damaskus

2. *Ich glaube nicht*
   - daß wir Menschen uns die Schöpfung untertan machen dürfen
   - an den Hl. Geist als Person, da Gottes Geist frei ist und keiner menschlichen Vorstellung einer Dreifaltigkeit bedarf
   - daß Jesus ein Messias ist und eine neue Kirche gründen wollte
   - daß Jesus weder für unsere Sünden gestorben noch an Ostern auferstanden ist
   - daß Jesu Grab Ostern leer war; vielmehr wußten die Jünger/innen wegen ihrer Flucht aus Jerusalem nicht, wo Jesus begraben wurde
   - daß Jesus und später Maria eine leibliche Himmelfahrt hatten
   - an eine Hölle; vielleicht gibt es eine mehr oder weniger tiefe Gottesferne
   - an eine Jungfrauengeburt; dies dient nur der Mystifizierung
   - an die Erbsünde, da sie eine hierarchische Erfindung zur Unterdrückung der »Schafsherde« ist

3. *Ich fordere von der Kirche*
   - die Gleichberechtigung von Frauen und verheirateten Männern für die kirchlichen Dienste
   - den Verzicht auf die päpstliche Unfehlbarkeit und den Titel Hl. Vater
   - daß alle kirchlichen Ämter auf Zeit und durch demokratische Wahlen besetzt werden
   - den Ersatz des Kreuzes als christliches Symbol durch ein treffenderes wie z. B. den Fisch

LUDGER BUßHAUS, ERFTSTADT-LECHENICH

Gott schenkt uns viele Leben

Ich glaube an einen Gott, der seine gesamte Schöpfung liebt.

Und weil er sie liebt, will er ihre Entwicklung zur Freiheit.

Nur freie Geschöpfe können sich zur bedingungslosen Liebe befähigen.

Dazu schenkt Gott seinen Menschen lange Entwicklungswege und viele Leben. In einem Leben alleine wäre diese Entwicklung niemals zu erlangen.

Die Wege des Menschen, die Gott ihm schenkt, sind geprägt von Liebe und Leid, Glück und Unglück, Gnade und Knechtschaft, Reichtum und Armut, Unvermögen und Talent.

Durch die Erfahrung all dieser reichen Seinszustände entwickelt sich der Mensch vom Ungläubigen zum Gläubigen, vom Gläubigen zum Staunenden ob all der Herrlichkeit, vom Staunenden zum Zweifelnden, vom Zweifelnden zum Ver-Zwei-felnden durch dunkle Zeiten einer scheinbaren Gottesferne, vom Ver-Zwei-felnden zum hoffhungsvoll Suchenden, vom Suchenden zum Findenden eines inneren Wissens, das nicht mehr »blind glauben« muß sondern: »er-kennt«. Die innere Erkenntnis Gottes »weiß« um Wirklichkeiten, die die Herrlichkeit der Schöpfung in jedem Augenblicke offenbart.

Sie »weiß« um den Sinn von Unglück, Tragik und großem Leide, das den Menschen als Chance geschenkt ist, Freiheit zu erüben, Erkenntnis zu gewinnen und sich all den Liebesformen zu nähern, die es braucht, bevor bedingungslose Liebe im realen Tun der Menschen eine Wirklichkeit erlangen kann.

»Mein Gott« will keine Marionetten, die dogmenbestimmte Lippenbekenntnisse herunterleiern und sich Gesetzen unterwerfen, deren Sinn sie nicht verstehen oder innerlich nicht teilen können.

»Mein Gott« ersehnt die gesamte Schöpfung in langen Kreisläufen in ihren Ursprungspool zurück, ersehnt, daß alle Schöpfung göttlich wird - das sie ge-heil-igt wird durch das vollverantwortliche Tun eines jeden Menschen. Gott will, daß sich die Schöpfung selbst erlöst durch die Liebestat des Menschen. Die Gnade, die er den Menschen dabei schenkt, ist die Gnade zur Erkenntnisfähigkeit.

Nur wer erkennt, jenseits eines überkommenen »blinden Kinderglaubens«,
erkennt dann auch sein eignes unbegrenztes Potential,
das irgendwann in reiner Liebe ihren letzten Ausdruck findet.
Gott ist in allem
und damit selbstverständlich auch im Bösen -
weil er die Menschen liebt
und sie durch Freiheit göttlich werden läßt.

CHRISTA SCHYBOLL, SINZIG

Die Widersprüchlichkeit Gottes ertragen

Ich glaube an den verborgenen Urgrund allen Lebens, der in unendlichen Energiefeldern den ganzen Kosmos umfängt und durchdringt.
Ich glaube an die innige Verbindung mit Jesus und durch ihn mit allen, die seine Gleichnisse vom Reich Gottes gehört haben, die von ihm geheilt worden sind und die, an denen er vorübergegangen ist.
Ich glaube an die Erlösung, indem ich die Widersprüchlichkeit Gottes mein Leben lang zu ertragen versuche. Auch Jesus hat sie durchgetragen hat bis zu seinem Tod am Kreuz.
Ich glaube, daß ich mit Jesus Grenzen überschreiten kann in das Reich des Todes und des Lebens und mir noch unbekannter Dimensionen.
Ich glaube an die tiefe Beziehung von Materie und Geist, der so als Heiliger Geist wirksam ist.
Ich glaube an die Gemeinschaft alles Lebens vom Bereich der Quanten bis zum »Göttlichen Bereich«.
Ich glaube, daß mein Leben nicht weggenommen, sondern verwandelt wird, daß ich in Ewigkeit nicht zu Grunde gehe, sondern zum Grunde, zum Urgrund allen Lebens zurückgehe, in dem ich dann geborgen bin.

HANS SCHREURS, VIERSEN

Glaubensbekenntnis nach Auschwitz

Ich glaube an dich, Gott, den wir den Schöpfer nennen, auch, wenn ich dich nicht verstehe. Ich glaube daran, daß dieses Weltgeschehen und auch mein eigenes Leben einen Anfang in dir gehabt haben und daß du diese Welt gewollt hast; daß du auch uns alle und mich gewollt hast und alle die Menschen, die in Auschwitz Opfer und Täter gewesen sind.

Ich glaube daran, Gott, daß es einen – wenn mir auch oft verborgenen – Sinn gibt in all dem Weltgeschehen, das sich entwickelt hat, seitdem die Initiative der Liebe von dir ausgegangen ist.

Ich glaube daran, daß ich nicht ohne Sinn einfach hineingeschleudert bin in das Leben; daß mein Leben nicht erst da begonnen hat, als sich Samen und Eizelle trafen; daß ich dein von Ewigkeit her geliebter Sohn bin.

Ich glaube daran, daß das für alle Menschen gilt: für die Juden und die Sinti und Roma, die Polen und die Russen, auch für die Nationalsozialisten und Henker.

Ich glaube daran, daß mein Leben und unser aller Leben eine Aufgabe ist; daß wir wachsen sollen von Stufe zu Stufe, von Schritt zu Schritt – in der Liebe.

Ich glaube daran, daß ich auch die falschen Wege gehen kann – durch meine Entscheidung.

Ich glaube daran, daß Jesus, der Beste aller Menschen, mir den Weg zeigt; daß er mit seinen Seligpreisungen recht hat und daß das Leben, das von ihm kommt, über alles Grauen und allen Tod den Sieg davontragen wird.

Ich glaube an die »Schar, die niemand zählen kann«: aus allen Nationen, Völkern, Rassen und Sprachen, die im Leben sind, das ich ahnen darf, und das jenseits der Grenze auf uns wartet.

Ich glaube daran, daß wir einen Ausweg haben, der bei dir, unserem Gott, mündet.

Amen.

EDMUND ERLEMANN, MÖNCHENGLADBACH

Größer bist du, Gott, als unser Herz

In deiner Schöpfung birgt sich dein Gesicht,
in stiller Ordnung, die den Kosmos hält,
in Pflanze, Tier und Vielfalt dieser Welt.
Was du geschaffen hast, verläßt du nicht.

Welt ist nicht nur, was Menschenaugen sehn,
und Ordnung mehr, als wir davon verstehn
Anfang und Ziel – dir, Einziger, gehört's,
denn größer bist du, Gott, als unser Herz.

Im Brot und Wein enthüllst du dein Gesicht,
in dem, was wir gesät auf unserem Feld,
kommt Christus, deine Liebe, in die Welt.
Du läßt dein pilgernd Volk verhungern nicht.

Brot bleibt nicht Brot und Wein bleibt nicht nur Wein:
Dein Kind macht Schwaches stark und Großes klein.
Auflebt die Saat, der Keim treibt himmelwärts;
denn größer bist du, Gott, als unser Herz.

Im Menschenantlitz schaun wir dein Gesicht.
In seinen Wunden und in seiner Angst
zeigst du, daß du um Heilung mit uns bangst.
Du löschst die schwache Glut des Dochtes nicht.

An unsern Kreuzen bleibt die Sehnsucht heil.
Wir nehmen, Gott, an deinem Leben teil,
Schuld bleibt nicht Schuld, und Schmerz ist nicht mehr Schmerz,
denn größer bist du, Gott, als unser Herz.

JOACHIM VOBBE, BONN, BISCHOF DER ALTKATHOLISCHEN KIRCHE

Um uns, bei uns, in uns

Ich glaube an Jesu Wort »Das Gottesreich ist mitten unter euch!« (Lukas 17, 21) und an Luthers Bekenntnis »Denn sehet, das Gottesreich ist inwendig in euch!« Ich glaube an den Heiligen Geist in dem Dominikaner Meister Eckart »Gott ist um uns, bei uns, in uns!« Die kirchliche Verwerfung dieses Gottesglaubens ist gesamtmenschliche Tragödie. Der Glaube an das Ableben des Himmelreichs im Jenseits und das Erstehen, das Auferstehen des Gottesreichs im Diesseits ist heute keine Gotteslästerung, keine Blasphemie mehr. Es ist ein anderes und heute nicht einmal neues Ostergefühl! Denke, wem Verstand gegeben! Gott schuf die Menschen auf der Erde! Hätte er sie im Himmel gewollt, hätte er sie im Himmel erschaffen.

WALTER MARTIN, NEUBURG

Dubio, ergo credo

Aus den Tiefen rufe ich:
Wo ist ein Gott?
Niemand hört den Schrei aus der Tiefe.

Aus den Tiefen rufe ich:
Ist da ein Gott?
Niemand antwortet.

Aus den Tiefen rufe ich:
Wo ist ein Gott?
In Qualen windet sich der Intellekt.

Wäre Gott,
wäre Gott ein *Du*,
Ein *Du*,
der mein Rufen hört,
wie Feuer wär's ...

Meine Seele gellt nach einer lebendigen Gottheit.
Mein Wille wünscht sie sich herbei.
Ist's tollkühn, noch mehr zu verlangen?
Ist nicht der Drang – sie sei – schon wirksam?

Du bist's, der mich zur Suche treibt.
Du bist's, der den Zweifelnden segnet,
Du krönst ihn mit Deiner Gnade:
Dich darf ich suchen, solange ich lebe.
Darum will ich Dich preisen mein Leben lang
und in die Zeit hinjubeln,
weil ich's nicht vermag,
Dein Geheimnis zu lüften.

O *Du*,
Du Sehnsucht unserer Suche,
ich lasse dich nicht,
Du segnest mich denn.

HILDEGARD GASSENMAIER, FRÖHND

Statt eines Credos:

Ich ehre
GOTT, den Anfang und das Ende alles Seienden,
JESUS, seinen Botschafter, und den
HEILIGEN GEIST, den er uns anbietet zum Heile der Welt.

JEAN WERNER SOMMER, MÜHLHAUSEN (THÜR.)

Wenn die Schöpfung an ihr Ziel gelangt

Ich vertraue dem Geheimnis der Wirklichkeit, das wir Gott nennen, der der Grund allen Seins ist, der uns trägt und birgt.

Und ich vertraue Jesus Christus als dem Vollmachsträger Gottes. Er ist ewig seinem Wesen, zeitlich seinem Werden nach.

Mit seiner Botschaft vom Hier und Jetzt der Gottesherrschaft stieß er auf den Widerstand der religiös und politisch Mächtigen, wurde verfolgt, gefoltert und hingerichtet. Im Vertrauen darauf, daß sich die Gottesherrschaft durchsetzen wird, nahm er seinen Tod an, dessen Geheimnis und Wirkgeschichte wir Auferstehung nennen. Dieses Geheimnis eröffnet uns einen Zugang zu der Wirklichkeit, die aus der Einung mit dem Alleinen in geheimnisvoller Weise lebensschaffend wirkt. Diese Wirklichkeit wird zur umfassenden Bewußtheit werden, wenn die Schöpfung an ihr Ziel gelangt.

Ich vertraue der Wirksamkeit der Göttlichen Liebe und der Gemeinschaft der Menschen, die aus dieser Liebe so handeln, daß Leben in Freiheit und Liebe verwirklicht werden kann. Ich vertraue darauf, daß es die Liebe ist, die letztlich zählt.

Diese Dimension der Wirklichkeit ist jedem Menschen in seinem Leben unbedingt zugänglich, und für niemanden wird sie durch den Tod vernichtet werden. - Amen

BRUNO D. GERDEMANN, KÖLN

Gott ist ein unfaßbares Geheimnis

Ich glaube nicht an Gott den Allmächtigen –, wie könnte ich nach Auschwitz, Hiroshima, dem alltäglichen Vertreiben, Hunger, Krieg, der alltäglichen Leiden und Katastrophen.

Ich glaube vielleicht an Gott, den Schöpfer des Ganzen. Aber vor allem glaube ich an den Menschen, der die Freiheit bekommen hat zu entscheiden, zu handeln, zu tun. Freiheit ohne Grenzen, auch ohne Grenzen von Gott.

Ich glaube an Gott als unergründbares, nicht zu verstehendes Geheimnis. Gott zu erklären, zu benennen, zu fassen, zu verstehen ist nicht möglich und darf nicht möglich sein.

Gott ist Geheimnis. Und das ist gut so. Weil Geheimnisse etwas Wunderbares sind.

Ich glaube an Jesus Christus, von dessen Leben, Sterben und Tod ein unerklärbares Ergriffensein ausgeht.

Ich glaube an die Idee Jesus Christus, als eine politische, gesellschaftliche Aufgabe und Verantwortung.

Ich glaube an eine Hoffnung die von dem Leiden und Sterben, dem Tod Christi ausgeht.

Vielleicht Hoffnung, als Glaube, daß etwas Sinn hat, ohne Rücksicht zu nehmen, wie dieses etwas ausgeht.

Ich glaube aber vor allem an den Menschen. Wenn sich irgend etwas bewegen, verändern, verschönern, verlieben soll, dann durch den Menschen. Den Mut, die Kraft, die Hoffnung durch und von Menschen – die Liebe schenken Menschen, nur Menschen – und vielleicht ist dann da Gott.

So glaube ich. Und glauben bedeutet immer auch suchen, zweifeln, bekennen, ablehnen, fragen, unterwegs sein.

MARKUS ZINK, MOCHENWANGEN

Gott ist in jedem Menschen zu finden

Ich glaube an Gott, der die Welt und mich geschaffen hat, weil er nicht allein sein will. Deshalb liebt er die Welt und mich als sein Werk.

Ich glaube, daß Gott in Jesus menschlich wurde. Deshalb finde ich ihn in jedem Menschen.

Ich glaube, daß Gott auch heute noch wirkt in seiner Welt und bei mir.

Ich vertraue darauf, daß meine Verbindung mit ihm auch nach meinem Tod nicht aufhört. Darum lebe ich jeden Tag aus dem Vertrauen zu ihm.

ELMAR HÜSAM, ERLANGEN

Ein Licht von neuer Schönheit

Ich glaub an Gott, den Vater, der mir auch Mutter ist.
Ich kann ja nicht beschreiben, wie *Du!* in Wahrheit bist.
So glaub ich dich in Bildern aus meiner Wirklichkeit,
dein wahres Wesen schau ich einst in der Ewigkeit.

Ich glaub's: *Du!* bist *Der Eine*, der einst das Licht erschuf,
und auch, was wir nicht sehen, aus dunklem Chaos ruft.
Du! bist's, der meinem Leben den Sinn, die Richtung gibt
Und mich in meiner Schwachheit erneuert und mich liebt.

Ein Licht von neuer Schönheit glaub ich in *Jesus Christ*,
der von göttlichem Wesen und unser Bruder ist,
von einer Frau geboren, die ja zu dir sagt, Gott:
so kommst *Du!* auf die Erde, nimmst auf dich unsern Tod.

Damit wir leben können, befreit, mit Gott versöhnt,
wird Christ am Kreuz ermordet, gefoltert und verhöhnt,
er fährt ins Reich der Toten, um Hoffnung dort zu sein,
und kehrt zurück ins Leben, geht in die Himmel ein.

Die siebenfache Flamme, glaub ich, aus deinem *Geist*,
wirkt in mir Rat und Stärke, Verstand und weise sein,
Erkenntnis. Furcht des Herren sei immer, gib's!, in mir;
dazu schenk mit den Frieden, solang ich lebe hier

auf dieser düstern Erde voll Tränen und voll Blut.
Es heiligt deine Kirche der Nächstenliebe Glut.
Ich seh getilgt die Sünden, die Toten kehr'n zurück
in deine neuen Welten voll Harmonie und Glück.

Auf ihm wird ruhen der Geist des Herrn, der Geist der Weisheit,
und des Verstandes, der Geist des Rates und der Stärke,
der Geist der Erkenntnis und der Furcht des Herrn.
(JESAIA 11,2)

NORBERT DIETEL, MANNHEIM
ZU SINGEN NACH DER MELODIE: »ICH FREU MICH IN DEM HERREN«
VON BARTHOLOMÄUS HELDER, UM 1535

Zur Präsenz befähigt

Jesus – Das ist für mich
der beispielhafte Mensch,
in dem sich *das Leben* am klarsten spiegelt.

Gott – Das ist für mich
das Leben, das in allem anwesend ist.

Hl. Geist – Das ist für mich
die *Energie*,
die zur Präsenz befähigt.

KARLHEINZ BARTEL, STUTTGART

Schmeißt die Theologie auf den Müll!

Woran ich glaube? Schwer zu sagen, schon gar innerhalb eines Zeilenlimits. Natürlich gibt es etwas, woran ich »glaube«, obwohl »glauben« das absolut falsche Wort ist. Glauben heißt, nicht sicher sein. Aber es sind Gewißheiten, die mich bewegen, tiefe und meistens schmerzhafte Erfahrungen davon, worauf es im Leben ankommt.

Vermutlich kann man erst auf dem Sterbebett wirklich sagen, woran man »glaubt«. Jedenfalls ist Glaube nichts, worüber man nachdenken könnte, womit sich Wissenschaft betreiben ließe. Das christliche Glaubensbekenntnis jedenfalls ist mir schnurz. Schmeißt die Theologie auf den Müll! Unter den Talaren Muff von 2000 Jahren: weg damit!

Woran ich »glaube«: zum Beispiel an die Inspiration, Heiliger Geist, der meist unerwartet über mich kommt und aus mir hölzernem, verkorksten, ausgebrannten Hampelmann einen lachenden Buddha, einen tanzenden Stern, einen glücklichen Menschen macht, voller inwendigem Jubel, kreativ und energiegeladen. Inspiration ist für mich Gottes Wirken, Gottes Geschenk. Das ist alles, was ich über Gott weiß, und es ist alles, was ich wissen muß.

Inspiration, wunderbar. Woran »glaube« ich noch? Heilung. Ich glaube, daß für jeden Menschen Heilung möglich ist. Seelisch, nicht notwendig körperlich. Auch mehr eine Erfahrung als ein Glaube. Und ich »glaube« an Zauberworte, auf die ich zuweilen stoße: »Und wir spielten Ragtime, denn das ist die Musik, nach der Gott tanzt, wenn es niemand sieht« (Alessandro Baricco, »Novecento«). Das ist ein Zauberwort, das mich wie die Berührung eines Engels tief im Herz und in der Seele trifft, mir plötzlich die Tür zur Inspiration, zur Gottesnähe, zum Menschsein öffnet und zu diesem Text inspiriert hat. Willkommen im Leben! Statt »Ragtime« paßt hier übrigens auch vieles andere.

WOLF HERTLEIN, OLDENBURG

Das größte Geschenk

Ich glaube an Gott, der alle Menschen, Alles liebt, was *Er* erschaffen hat. Der das Gute eingepflanzt hat, Freiheit für Gut und Böse gibt – Freiheit zur Weiterentwicklung seiner Schöpfung.

Ich glaube an Jesus Christus, der auch Mensch war und in Freuden empfangen wurde.

Ich glaube auch an Mohammed, an andere gute Menschen, *Seine* Ebenbilder, die *Er* erschaffen hat.

Ich glaube an die Kraft der Liebe und alle Religionen, die Gott lieben.

Ich weiß, Gott ist so riesig groß, daß wir *Ihn* nicht erfassen können, nicht sein Universum, nicht die Ewigkeit, nicht seine große Liebe.

ER wird uns verzeihen und uns helfen, unsere Schande und Qualen zu ertragen, wenn unsere Sünden vor der ganzen, dann erlösten Schöpfung offenbar und verziehen werden.

Unsere Sehnsucht nach *Dir*, der unendlichen Liebe, wird gestillt.

Wir wissen, die Materie lebt ewig;
Und ich glaube, die Seele lebt ewig.

Amen

FRANZ PIERRO, OFFENAU

Gott, zeige Dich!

1. Ich glaube an Gott, der meistens nicht bei mir ist.
2. Ich sehne mich nach Liebe, Gerechtigkeit und Frieden.
3. Ich bitte um Kraft für mein tägliches Miteinander.
4. Gott - zeige Dich endlich!

JOCHEM KRÜPE, RADEVORMWALD

Aus dem Leben keine Mördergrube machen

So ein Pesch, daß mir das erst heute, am 22.VII., in die Hände fällt – aber ich setz mich noch schnell hin und will als Kölsche Jung us mingem Hätz kein Mörderjrub maache un frei von der Siel üch verzälle, wodran ich jläuve – paßt op!:

Ich han zwar ene jode Vatter jehatt – un jläuv och, datte deshalb em Himmel es – ävver ich jläuv nit, datte Herrjott, dä doch alles jeschaffe hätt, watt me sieht und watt me nit sieht, un watt me wesse un och nit, dat dä Schöpfer nit mie sinn sull, als wie ne jode Vatter un en jod Moder zusamme; ben ich doch allein weil die sich jähnhatte, he op de Welt jekumme – su sinn mir doch och ald drei – wenn och janz verschiedene Typen – ävver als »Minsch« ein un et selve...

Un su wonet doch für zweidausent Johre hüchste Zick, dat dä Hähr, wo hä doch och die Minsche su jähn hätt, sich inne ens zeije däht – un zeije, watt üvverhaup ne richtije Minsch es, wie hä sech zu verhalde hätt zu singe Schwester un Bröder he op däm Globus! Un su esse dann tatsächlich, wie du un ich als Kind op de Welt jekumme, donoch, en Galiläa, en ener jüddische Famillisch. Ävver weil hä dat su ähntz nohm enet däm Minsch sinn, un üvverhaup kenne Ungerschiet kannt zweschen alle Zoote vun Lück, do jinget im wie och hück noch su mansch einem, dä sich für andere ensätz – de höhere Jewalt hätt sich singer entledicht, un se hann dä beste Minsch, dä se hatte, opjehange!

Ävver – jetz küddet! Un dat wor dä Clou vum Jerrjott für die janze Menschheit, weil hä uns usser däm richtije Minschsinn jetz och noch jezeich hätt, wat uns all noch blöht, wämmer jestorve sinn – jo, dat mir dann wedder opblöhe wie dä Jekreuzigte, dä op eimohl singe Fründe un Fründinne wedder leibhaftig erschiene eß, un inne – un domet och uns! – enjebläut hätt, watt se en Zukunft zu dunn hätte, nämlich alle Lück fruh zo maache met all dämm, wat se met im erlääv, jesinn un jehöht hann; un domet se nix verjässe däte, wöht hä met singem un mem Herrjotts Jeist bei inne blieve – bei inne un alle Minsche, bes an et Äng!

Ävver hä blevv jo och en dä Mahlfeier bei alle, janz persönlich, met Fleisch un Blooht, em Bruud un em Wing – en jedem vun unz wulllt hä sinn – un esse och! – un dat jläuv ich vun janzem Hätze!

DÄ HÖVELS WILLI, GRAFSCHAFT ESCH

In verantwortbarem Wohlstand

Ich glaube an den Menschen und an das Gute in ihm.

Ich glaube daran, daß jeder Mensch das Beste in sich entwickeln kann und will.

Ich glaube an die Kraft des Lebens, die jedem Atom dieser Welt innewohnt und die bewirkt,

daß die Schöpfung sich stets erneuert und wächst.

Ich glaube an die All-Macht des Geistes, der in allem enthalten ist. Ebenso wie er in der Natur allem Leben Atem einhaucht, führt er auch mich auf den Pfad der Erkenntnis und damit zu Gott.

Ich glaube an diesen einen Gott, den Schöpfer des Himmels und der Erde, der uns aus der Natur als sein Ebenbild hat hervorgehen lassen.

Dieses fasse ich als Auftrag auf, die mir mitanvertraute Welt nach göttlichen Prinzipien mitzugestalten.

Ich glaube und hoffe, daß wir alle zusammen mit Hilfe von Gottes Geist eine Welt nach eben diesen Prinzipien schaffen werden, eine Welt, in der alle Menschen glücklich und erfüllt in Frieden und Harmonie und verantwortbarem Wohlstand miteinander leben.

Amen.

GERD U. ADELGUNDE SONNTAG, BAD LAER

Das Geschenk Jesus Christus weiterschenken

Ich glaube an Jesus Christus, Sohn des Lebens, Bruder der Menschen, Erstgeborener aller Schöpfung, der uns an unsere Geschwister erinnert, die Bäume und die Vögel des Himmels, Schwester Wasser und Bruder Feuer. Er verbindet uns mit allem, was lebt auf unserem kleinen Planeten Erde.

Ich glaube an Jesus, den Sohn des Lebens, das uns geschenkt wird, damit wir es weiter verschenken. Er hat die Kranken geheilt und die Traurigen, er hat die Hungrigen gespeist und die Verzweifelten, ein Mitarbeiter der Schöpfung, die weitergeht an jedem Tag in unserer Arbeit, wenn wir unsere Heimat vor der Plünderung schützen, unseren kleinen Planeten Erde.

Ich glaube an Jesus, Sohn des Lebens und einer armen Mutter, politischer Gefangener unter Pontius Pilatus, zu Tode gefoltert auch heute in den Polizeikellern, Lagern und Kriegen, die wir noch immer dulden auf unserem kleinen Planeten Erde.

Ich glaube an Jesus, den Erstgeborenen aus dem Tode. Sie konnten ihn nicht fertigmachen, er ist von den Toten auferstanden, er verbindet uns mit den Toten vor uns, um die wir trauern, und den Toten neben uns, die wir nicht gerettet haben. Sie alle sind unsere Schwestern und Brüder auf dem kleinen Planeten Erde.

In Christus spüren wir den Geist des Lebens in einer todessüchtigen Welt. Wir stehen auf, mit ihm zu kämpfen, zu leiden und unser Leben zu geben, bis Gott sei alles in allem auf unserem kleinen Planeten Erde.

Amen.

DIESER TEXT VON LUISE SCHOTTROFF WURDE UNTER ANDEREM EINGESENDET VON ELISABETH MURDER, OSNABRÜCK

Darin vertraue ich

Ich glaube an Gott, den Ursprung von allem.

Er sandte uns seinen Sohn Jesus. Jesus war Mensch wie ich.

Jesu Botschaft lautet: Gott liebt dich. Liebe auch du deine Mitmenschen wie dich selbst. Menschen sind wichtiger als Gebote. Barmherzigkeit steht über Gerechtigkeit.

Jesu Botschaft befreit mich aus Angst und zerstörender Selbstsucht. Sie zeigt mir den Weg zu einem erfüllten Leben in Frieden und im Einklang mit Gottes Schöpfung.

Jesus verkündete und lebte diese Botschaft bedingungslos.
Menschen wollten ihn und seine Botschaft auslöschen.
Daher wurde er grausam gefoltert und getötet.

Aber Jesus überwand den Tod durch seine Auferstehung.
Gott hat ihn aufgenommen.

Ich glaube an Gottes heilenden Geist, seine Allgegenwart, seinen Beistand und seine Wirkkraft zum Guten. Er gibt mir Geborgenheit, Mut und Kraft für mein Leben.

Gemeinsam mit allen, die nach Jesu Botschaft leben wollen, weiß ich: »Wir sind die Kirche.« Sie ist offen für alle Menschen, die Gott suchen, und schließt keinen aus.

Ich glaube an den barmherzigen und liebenden Gott. Er durchdringt alles.
Ich glaube, daß mein Leben mit dem Tod nicht zu Ende ist.

Darin vertraue ich auf Jesus.

AKTIONSGRUPPE »WIR SEHEN SCHON DIE NEUE STADT«, ST. PAULUS, SINDELFINGEN

Hymne des Glaubens

Ich glaube an Gott, durch den alles ist.
Jeder Windhauch, jede Regung,
Gestirn, Stein und Kreatur.
Nichts unter dem Himmel, das nicht durch ihn ist.

Ich glaube an Gott, der in allem ist.
Gott durchströmt und verbindet, Gott gestaltet
und fügt.
Nichts unter dem Himmel, das ohne ihn ist.

Ich glaube an Gott, der Liebe ist.
Gott will allen wohl.
Er führt und, er schützt uns, er läßt uns
gewähren auf vielfältige Weise, er vergibt uns.

Gott, die Kraft, die Leben ist.
Gott, die Kraft, die Segen gibt.
Gott, der da ist, von Anbeginn und immerzeit.

SUSANNE WIEGEL, ESSEN

Schöpfer, Zerstörer und Vollender

Ich glaube an Gott, den Vater der Welt,
Schöpfer, Zerstörer und Vollender.
Er wirkt durch Menschen, Mächte und Massen.
Allen teilt er Orte und Zeiten zu.
Er prüft Worte und Werke.
Er erwählt und verwirft,
verurteilt und rechtfertigt.

Ich glaube an Jesus Christus,
geboren im Volk Israel,
gebunden an das Gesetz Moses.
Er lebte in neuer Verbindung mit Gott,
im Neuen Testament.
Er ruft mich zum wahren Leben
und bekehrt mich von Furcht und Frevel.
Er trägt meine Schuld mit mir bis zur Vergebung.
Er öffnet meine Hände für den Nächsten
und meine Blicke für die Fernen.
Er hilft mir, das Böse zu vertreiben.
Seine Kreuzigung als Verbrecher
ist mein Trost in allen Anfechtungen.
Seine Auferstehung von den Toten
ist meine Hoffnung in unserem Sterben.

Ich lebe vom Heiligen Geist der Bibel.
Er gibt Vertrauen, Kühnheit und Geduld,
damit wir der Erde dienen an unserem Ort.
Er sammelt Christen in allen Völkern
und stiftet Gemeinschaft mit Fremden.
In jedem Menschen suche ich das Bild Gottes
und rechne mit seiner Gegenwart.
Mit allen Geschöpfen warte ich
auf die Vollendung der Welt
und bin gespannt auf das Reich der Ewigkeit.

HENNING GLOEGE, BONN

Was laut zu sagen ist

Ich glaube an den einen Gott, der in jedem Wesen, jeder Pflanze, jedem Sandkörnchen auch lebt. Ich glaube, daß Jesus mit Gott nahe verwandt war und ist und diese ganze Schöpfung liebt. Ich glaube auch, daß diese beiden ihren Geist senden, damit die Menschen sich lieben, Freude an ihrem Anderssein haben, sich gegenseitig hegen und gesund bleiben. Sie sollten deshalb es auch laut sagen!

Ich glaube, daß »Kirche« diese Ganzheit bedeutet - und daß Männer durch die Jahrhunderte ihre eigenen Probleme, Sorgen, Perversionen und Traurigkeiten hineinprojiziert haben, so daß »Kirche« für viele Leute heutzutage kaum erkennbar ist als eine sinnvolle, tiefe Begegnung mit Gott oder Jesus.

Ich glaube, daß Frauen eine andere Erfahrung vermitteln können. Ich möchte betonen, daß, weil Frauen in ihrem Körper Leben tragen und monatlich an den Lebenszyklus erinnert werden, sie deshalb vielleicht eher wissen, worum es geht. Man kann natürlich auch Ausnahmen finden.

Ich glaube auch, daß verschiedene Sprachen und Kulturen auch die wunderbare bunte Vielfalt des Kosmos ausdrücken.

Ich freue mich, daß meine Freunde in Deutschland mir »Publik-Forum« zum Geschenk gemacht haben. Dadurch bin ich hier in Schottland mit euch verbunden.

JANINE FITZPATRICK, GLASGOW

Das Göttliche in sich vollenden

Ich glaube an das Göttliche in allen Bewohnern dieser Erde als Gattung und in mir als Individuum.

Ich glaube, daß wir alle auf unserem Planeten den Frieden in uns und mit allen Mitgeschöpfen finden können, der alle realen Bedingungen übersteigt und Ziel unserer Lebensintentionen werden kann.

Ich glaube an die Söhne und die zukünftigen Töchter der Göttlichkeit, die in vielen Kulturen und zu verschiedenen Zeiten ihren glaubensmäßigen Auftrag als Vermittler und Wahrer des Schönen und Guten, des zu Liebenden und zu Schützenden zu erfüllen suchten.

Ich glaube, daß jeder Mensch in tätiger Nächsten- und Feindesliebe das Göttliche in sich vollenden kann und somit den Mitmenschen und den Tieren in dieser Schöpfung Frieden, Freiheit und Erfüllung in Liebe und Arbeit zu schenken vermag.

Ich glaube an den Bund der Versöhnung, den die Menschen im Glauben an das Göttliche abgeschlossen haben – den alten Bund des Judentums, den neuen der Christen in Jesu und den zukünftig zu gründenden, dritten Bund im Bewußtsein der Menschenrechte und des überzeitlich Göttlichen für alle gleichberechtigten Menschen und Völker dieser Erde.

In meiner und in aller Menschen Sprachen verehren wir das eine Göttliche als das alles Begreifen transzendierende Wunder der Achtung und der Verständigung mit den anderen. In ihm haben wir die Chance und die Hoffnung auf die Fülle des Erlebbaren.

Amen.

ANTON STEPHAN REYNTJES, RECKLINGHAUSEN

Wie ich meine Gemeinde erfahre

Ich glaube an Gott, der die Welt geschaffen hat. Wenn ich zu ihm bete, fühle ich mich geborgen, beschützt und geliebt. Bei genauerem Nachforschen stelle ich doch fest, dass ich nicht an ein direktes Eingreifen Gottes in irdisches Geschehen glaube. Oft ertappe ich mich bei Stoßgebeten wie etwa: »Gott, lass' die Ampel grün sein, ich hab' es so eilig!« und dann: »Nein, lass' nur, du hast im Kosovo Wichtigeres zu tun« und endlich: »Ach, das schaffst du ja doch nicht!« Und trotz allem vertraue ich ihm, dass er mir und uns unendlich gut will. An die Dreifaltigkeit glaube ich keinesfalls und mit der Person Jesu und ihrer Bedeutung bin ich noch lange nicht klar. Er ist für mich Sohn Gottes wie ich Tochter Gottes, aber sonst? Kirche erfahre ich in unserer Gemeinde als beglückende, Geborgenheit spendende, aktive, progressive Gemeinschaft.

ERIKA KLERX, GREVENBROICH

Der bei denen wohnt, die ausgestoßen sind

Ich glaube an Gott, die mir Mutter und Vater ist,
Freundin und Beschützerin,
die ihre Allmacht zurücknimmt um der Freiheit der Menschen willen.
Ich glaube an Gott, weise Schöpferin des Universums,
Hüterin der Atome und der Milchstraßen,
der Meere und der Gebirge, des Lebens und der Träume.
Ich glaube an Gott, die mich beim Namen ruft und an mich glaubt,
an ihr Ebenbild: Frau und Mann;
die uns nicht fallen läßt, ungeachtet unserer Taten.
Ich glaube an Jahwe, der da ist und mit uns geht,
der den Schrei seines Volkes hört und die Mächtigen vom Thron stürzt,
der bei denen wohnt, die arm, machtlos und ausgestoßen sind.

Ich glaube an Jesus, den Messias, den Gesalbten Gottes,
der uns Bruder wurde durch Mirjam, unsere Schwester,
der uns lehrte, den Menschen achtsam zu begegnen,
der sich gewaltlos einsetzte für Gerechtigkeit,
der Heil brachte und heilte, die Unterdrückten aufrichtete
und den Blinden die Augen öffnete,
der sich mit den Mächtigen anlegte und Gottes Reich verkündete
und dafür zum Tod verurteilt und hingerichtet wurde
unter der römischen Besatzungsmacht.
Ich glaube daran, daß er auferweckt wurde durch Jahwe
und an seine Gegenwart in der Welt, wo zwei und drei in seinem Namen handeln.

Ich glaube an die Ruach, die Geistin - Beistand, Weisheit und Trost -
die in uns wirkt, die entflammt und aufbrausen läßt,
und nicht erlaubt, daß alles beim alten bleibt.
Ich glaube an das Volk Gottes auf dem Weg
und an das Heil für die gesamte Schöpfung.
Ich glaube an die Gemeinschaft aller Menschen guten Willens,
ungeachtet des Namens, den sie ihrem Gott geben,
und an unsere gemeinsame Kraft, die Welt zu gestalten.

EVELYN HÖDL, BADEN

Sobald die Kirchen verschwunden sind

Ich glaube an die göttliche Universalintelligenz
weiblich plus männlich.
Ich glaube an keinen gekreuzigten Mann,
der 300 Jahre später von der römisch-katholischen Kirche
zu einem »Gott« gemacht wurde.
Ich glaube an die Spiritualität der Frauen,
die keinen Gott brauchen,
der sie den Männern als Sklavinnen unterwirft.
Ich glaube an keinen männlichen Gott,
der irgendeiner Kirche die göttliche Lizenz zum Töten
von frei denkenden Menschen ausgestellt hat.
Ich glaube nicht an eine Erbsünde,
die zur Erniedrigung aller Menschen dient.
Ich glaube an den Frieden unter den Menschen,
sobald die Kirchen aus unserem täglichen
Leben verschwunden sind.

JUTTA ONKEN, BONN

Die Welt aber hat die Liebe zurückgewiesen

Alles, was ist, ist umfangen von der Liebe.
Die Liebe hat alles ins Dasein gerufen. Sie vermag alles.
Die Liebe ist Gott. Gott ist die Liebe.

Der Mensch ist Gottes Ebenbild.
Er lebt aus der Liebe. Er ist gerufen, die Liebe zu leben.
Der Ewig-Liebende wirbt um die Menschen.
Er befreit sein Volk. Er schenkt ihm Wegweisung und Verheißungen.
Er ersehnt die Antwort der Menschen.
Eine Tochter Israels, Maria, hat Antwort gegeben.
Sie hat sich ganz dem Willen Gottes geöffnet.
So hat sie die Liebe empfangen und zur Welt gebracht: Jesus.

Die Liebe ist Mensch geworden und hat gewirkt in Taten und Worten.
Die Liebe stellt keine Bedingungen.
Sie nimmt sich derer an, die sie besonders nötig haben.
Die Liebe verzeiht. Die Liebe heilt, was verwundet ist.
Sie kann überall wirken, wo sie auf offene Herzen trifft.

Die Welt aber hat die Liebe zurückgewiesen. Sie hat Jesus gekreuzigt.
Doch nicht einmal der Tod kann die Liebe bezwingen.
Die Liebe ist stark, stärker als alle Schuld.
Jesus ist auferstanden!
Er lebt in ewiger Freude.
Er will, daß auch wir in der Gegenwart dieser Freude leben.
Dazu hat er uns den Beistand verheißen, den Geist der Liebe.
Der Geist macht uns zu Kindern Gottes. Er nimmt uns hinein in die Familie der Kirche.
Die Kirche ist gesandt, die Liebe in die Welt zu bringen.

In der Stunde des Todes werden wir dem Lebendigen und Ewig-Liebenden begegnen.
Wir werden erkennen, was wir an Liebe schuldig geblieben sind.
Aber Gott bleibt sich treu. Wir werden seine verzeihende Liebe erfahren.
Wir werden eingehen in das Reich der ewigen Freude,
in Gemeinschaft mit jenen, die uns vorausgegangen sind.

ULRIKE MURR, BAMBERG

Die Liebeskraft ist Ursprung allen Seins

Ich glaube, daß Liebe der Ursprung der Welt ist.
Ich glaube, daß wir alle der Liebe unser Dasein verdanken.
Ich glaube, daß nur durch die Liebe
die Welt heil und friedvoll werden kann.
Ich glaube, daß Liebe, auch wenn sie nicht angenommen
und ans Kreuz geschlagen wird, am Ende doch siegen wird.
Ich glaube, daß letztlich unsere Sehnsucht
nur in der Liebe erfüllt werden kann,
zu der wir wieder zurückkehren.

CHRISTA KLEIN, SANKT AUGUSTIN

Die aufquellende Kraft des Sauerteigs

Ich glaube
an die Energie
Weisheit und Zärtlichkeit
von Frauen
die Vollmacht gebiert
an die Ruach
die das Feuer der Lebendigkeit weckt
in dir und mir
das ich empfange und weitergebe
Ich glaube
an die Kraft von
Ruhe und Widerstand
die uns stärkt
ohne Furcht vor Verwundung
an das Glück der Begegnung
das uns vertrauen läßt
und erkennen

Ich glaube
an die aufquellende Kraft
des Sauerteigs
der zum Brot wird und
Speisung für viele
an die Notwendigkeit
unseres Aufbruchs um
anzukommen im Mutterland
Ich glaube
an unseren Mut
Bruder der Angst
und daran
daß Achtung
Liebe und Beständigkeit
den Fuß lenken zur Heimat
dem inneren Ort
für uns alle

GISELA HABEKOST, FRÖNDENBERG

Was i glaob

1. I hald mi dra': Gott will s'Leaba. Vo' A'fang aa' paßt älles zama, s'Leaba baddet. Ond wenn's *nemme* stemmt, isch-*ehm* des et egal.
2. I hald mi dra': Gott mag d'Leit. Des isch ooser Kabidaal. Doodrmit kenna mir schaffa en sei'ra Welt fir's Leaba. Mir send ebber bevor mr ebbes g'schafft hent. Des verdangga mr sei'm Bua, em Jesus. Der hot dra' glaoba miaßa, daß mir et a-m-a scheena Dag dra' glaoba miasset.
3. I hald mi dra': Gott hilft de Leit zom Leaba durch andre Leit, moo sich ao doo dra' haltet. Doo, moo mr so zamaghaert, isch mr guat uffg'hoba em Leaba ond em Sterba.

FRIEDEMANN BINDER, RECHBERGHAUSEN

Diese ewige Kreisen um die Sünde

Nach einer Jugend, die in den unmittelbaren Nachkriegsjahren von Frömmigkeit und der Geschlossenheit des orthodox-katholischen Weltbildes geprägt war, nach drei in einem Orden verbrachten Jahren mit Einübungen in Askese und Mystik, einer Zeit, die innerlich getragen war von Liturgie und Chorgebet, kamen mir erste Zweifel durch innere Widersprüche im Neuen Testament selbst. Vor allem dies: Ist Gott der uns bedingungslos liebende Vater aus Jesu Gleichnis vom »Verlorenen Sohn«, oder hat Gott – wie die Kirche lehrt – zur Rehabilitierung der Menschheit eine Erlösung verlangt, die es erforderlich machte, daß er seinen Sohn als Gottmenschen auf die Erde schickte, ihn dort dem scheußlichsten Tod überantwortete, um ihn danach vom Tod aufzuerwecken und im Himmel thronend neben sich Platz nehmen zu lassen? Da hierin das für das Christentum grundlegende und nach der christlichen Lehre zentrale Weltgeschehen gesehen wird und da dies – was ich nicht mehr zu glauben vermag – in jeder Messe vergegenwärtigt wird, ist es mir unmöglich geworden, an solchen Gottesdiensten noch innerlich Anteil zu nehmen. Ich fühle mich leider als ein Abtrünniger auch ausgeschlossen.

Bereits seit einem halben Jahrhundert nun kreist mein Denken um die Frage nach Gott als dem Grund meiner/unserer Existenz, und dies in der Auseinandersetzung vor allem mit den christlichen Denkern früherer Zeiten und unserer Tage. Da ich den Glauben anderer, auch der frühen Christen, immer ernst genommen habe, hat sich mir schon früh die Frage nach der Art ihrer religiösen Erfahrungen gestellt. Was versteckt sich etwa bei den biblichen Autoren hinter dem, was die Theologen Offenbarung oder Inspiration ihrer Schriften nennen? – Eine Frage, die ständig gegenwärtig war und mein Denken geleitet hat. Was bei all dem Fragen und Nachdenken herausgekommen ist, was geblieben ist? – Nicht etwa leere Hände!

Immer mehr ist mir klargeworden, daß Religion eine Sache ist, die sich in unseren Köpfen und Herzen, in unserem Innern jedenfalls abspielt. Eine banale Erkenntnis, die sich in dieser Deutlichkeit doch bei mir erst allmählich eingestellt hat. Im Innern des Menschen kann Glaube entstehen, der Berge versetzt. Nur dort kann Gott alles neu machen. Und durch den Menschen mag er auch die Welt verändern, wie zum Beispiel durch Jesus. Wunder geschehen in den Herzen. Die Natur ist durch Gesetze geordnet. Und ich denke, daß sich Religion ereignet und Glaube praktiziert wird, indem wir uns nach dem Vorbild Jesu und der Beter aller Zeiten dem Geheimnis Gottes öffnen und anvertrauen, anbetend, dankend oder bittend. Um ihn allein geht es, den unerforschlichen, unbegreiflichen, den heiligen und anbetungswürdigen, den gnädigen Gott. Natürlich findet sich das in der Kirche auch. Aber leider findet sich daneben viel mehr alles mögliche andere, eben das große Welttheater mit der thronenden Madonna und dem Hofstaat der Märtyrer und Heiligen, und dann dieses ewige Kreisen um die Sünde, dabei um Hölle und Teufel, natürlich vor allem um den Sexualbereich, um die moralischen Weisungen derer, die von den Situationen der Menschen, denen diese Weisungen gelten, meist meilenweit entfernt sind, um all das, was Angst erzeugen und Menschen verbiegen kann.

Doch nun zu meinem Credo!

Ich glaube an Gott, den Schöpfer und fortwährenden Grund unseres Seins. Ich glaube mit Jesus an ihn als den bedingungslos liebenden, guten Gott.

Ich bin überzeugt, daß Jesus von Nazareth ein faszinierender Mann war, charismatisch und voll religiöser Glut, der sich getragen wußte von der unüberwindbaren Zuversicht, daß Gott uns trotz aller Schwachheit und trotz allem Bösen in uns jederzeit bedingungslos annimmt. Darin sehe ich die bleibende frohe Botschaft an die Menschen seiner Umgebung. Ich gehe davon aus, daß Jesus wegen dieses Gottesverständnisses und wegen seiner dieses Gottesbild bekräftigenden Zeichenhandlungen an den gesellschaftlich Ausgegrenzten seiner Zeit bei den Mächtigen seines Landes Anstoß erregt hat, daß er ihnen deshalb gefährlich vorgekommen und daß er aus diesem Grunde verfolgt und hingerichtet worden ist. Ich denke, daß die Rede von der Auferstehung auf inneren Erfahrungen der durch seine Hinrichtung traumatisierten Jünger beruht, die man zum Teil vielleicht als mystische Erfahrungen zu deuten hat, zum Teil möglicherweise auch als visionäre. Jedenfalls ist bei ihnen, die sein Sprechen von Gott als »Worte des Lebens« erfahren hatten, die Überzeugung gewachsen, mit seinem Tod sei für sie nicht all das vorbei, was dieser Jesus bis dahin für sie bedeutet und was er in ihrem Leben bewirkt hatte. Vielmehr war er für sie noch gegenwärtig in der Erinnerung dessen, was er gesagt und getan hatte.

Ich denke, daß heiliger Geist von jedem Menschen erfahren werden kann, etwa beim Lesen heiliger Texte, im Gebet und in der treuen Güte der anderen.

Die Christenheit ist meine geistige Heimat. Unter Christen fühle ich mich meistens gut. Viele von ihnen bewundere und verehre ich.

Was nach dem Tod ist? Wer weiß? – Ich hoffe auf Gott.

HERBERT STUPP, KÖLN

Manchmal hilft es mir

Ich vertraue.
Das verdanke ich jenen auf meinem Weg,
die auch vertrauten.
Darum lebe ich ziemlich angstfrei.

Ich kenne die Jesus-Geschichten,
ich kenne Gotteserfahrungen der Vorfahren und
Zeitgenossen.
Sie bewegen mich und stellen mich in Frage.
Ich habe von Jesus beten gelernt.
Manchmal hilft es mir.

Ich weiß mich von ihm dazu bewegt,
anderen heilend zu begegnen.
Dazu bin ich oft nicht heil genug.
Ich erfahre, daß mein Leben Sinn hat.
Ich hoffe, in Gott hinein zu sterben,
denn er ist da.
Du Gott, schaff dir in mir Raum!

ERWIN SEIFRIED, MANNHEIM

Nichts ist ohne Dich und außer Dir

Gott, ich bete zu *dir*. Geheiligt werde *dein* Name.
Du bist die Kraft, die alles erschaffen hat und erhält.

Nichts ist ohne *dich* und außer *dir*.

Ich glaube dem Jesus sein Reden von *dir*. Durch ihn weiß ich von *dir*, *deiner* Barmherzigkeit und Liebe. Sein Glaube und Reden von und über *dich* ist maßgeblich für mich.

Du bist Liebe. Und Liebe zu Dir, *deiner* Schöpfung und *deinen* Geschöpfen soll Richtschnur meines Lebens sein!

Dein Leben ist auch mein Leben. Am Ende meiner Tage werde ich zu *dir* heimkehren.

Dein Geist wirkt in dieser Welt und auch in mir. *Deine* Engel behüten und bewahren mich Stunde um Stunde. *Du* versorgst mich mit allem, was ich benötige. *Dein* Leben in mir läßt mich gesund und munter sein.

Dafür bin ich dankbar.

WERNER KAUFMANN, LÖRRACH

Gott, der das Leben liebt

Ich glaube an Gott, der das Leben heißt
Ich glaube an Gott, der das Leben liebt
und an der Vernichtung des Lebendigen leidet

Ich glaube an Gott, der alles, was lebt,
auferstehen läßt aus der Erfahrung des Todes

Ich glaube an den Geist, der allem, was leben will,
Kraft gibt angesichts der vernichtenden Kräfte des Todes

Ich glaube an den Geist, der alles, was lebt,
miteinander verbindet und trägt

ANGELIKA SCHENK, HOCHKIRCH

Brief an einen Kirchenoberen

VON PETER ROSIEN

Verehrter Herr Bischof,

sicher haben Sie in dieses Buch schon hinein geschaut, das ich Ihnen kürzlich zukommen ließ. Vermutlich sind Sie beeindruckt und finden vieles hoch interessant. Wahrscheinlich denken Sie, zu dem einen oder anderen Credo gäbe es noch manches zu sagen.

Vielleicht tun Sie das Ganze ja auch mit dem Gedanken ab, hier äußerten sich weithin nur Leser von *Publik-Forum*. Dann übersähen Sie allerdings etwas Wichtiges: Diese kirchenunabhängige christliche Zeitschrift mit ihren über 80 000 Lesern aus beiden Konfessionen deckt einen großen Teil jener Kirchenmitglieder ab, die sowohl glaubensorientiert als auch kirchen- und dogmenkritisch sind. Das wird in der hier vorliegenden repräsentativen Auswahl aus über tausend Bekenntnissen deutlich, die uns Leserinnen und Leser eingesendet haben. Beflügelt wurden sie durch eine in *Publik-Forum* präsentierte Kurzfassung des Buches »Credo« des vielgelesenen Tübinger Gelehrten Hans Küng.

Sicher fällt auch Ihnen auf, wie individuell und vielfältig diese Glaubensbekenntnisse ausgefallen sind. Hier sprechen Menschen von ihren ganz eigenen religiösen Erfahrungen und Vermissungen, spontan, autonom, unbekümmert um kirchliche Lehre und mit nicht zu überhörender religiöser Kompetenz.

Sie werden die religionssoziologischen Analysen kennen, die uns die Hintergründe dazu erhellen. So zeigt beispielsweise der in Amerika lehrende Soziologe Peter Berger in seinem viel beachteten Werk »Der Zwang zur Häresie« auf, warum Menschen heute weithin gar nicht anders können, als unter religiösen Inhalten zu wählen. Aufgenommen und reflektiert wird nur, was in den je persönlichen Erfahrungshorizont paßt. Dies wird um so dringlicher, als noch nie zuvor in der Geschichte so viele Menschen in einem solchen Maß mit fremden Kulturen und Religionen in Berührung gekommen sind wie heute. Der Prozeß religiöser Auswahl und Aneignung kann dann auch Abweichungen von Bibel und Bekenntnis zeitigen, die diese oft sogar überschreiten und weiterentwickeln. Das wird in so manchen der hier vorgelegten Bekenntnisse deutlich.

Diese Entwicklung wird Sie, verehrter Herr Bischof, wie auch die übrigen führenden Repräsentanten der beiden Groß-Kirchen sicher irritieren. Auch viele Priester, Pfarrer und Religionslehrer kommen damit nur schwer zurecht. Andere haben sich allerdings in der Gemeindearbeit bereits voll darauf eingestellt. Insgesamt aber ist dies alles in den Kirchen nicht wirklich gewollt. Man nimmt die große Überlebenschance für den christlichen Glauben nicht wahr, die sich hier auftut: die glaubensgeschichtliche Wende vom Bekenntnis- zum Erfahrungsglauben, die schon Jesus selbst ins Werk gesetzt hat. Nicht nur der katholische Religionsphilosoph Eugen Biser hat diese Entwicklungen eingehend beschrieben und analysiert. Wenn Kirchenleitungen dies alles nicht ernst nehmen, sollte sich niemand wundern, daß viele Mitglieder zur Jungschen Psychologie, zu asiatischen Meditationsangeboten oder zu unterschiedlichen New-Age-Ansätzen Zuflucht nehmen. Es wird in diesen Bekenntnissen eine tiefe Kluft sichtbar zwischen dem, womit sich Theologie und Lehre der Kirche auf der einen und der Glaube religiös engagierter Menschen auf der anderen Seite beschäftigen.

Muß das so bleiben? Dürfen sich die beiden großen Kirchen wirklich nur auf den »heiligen Rest« konzentrieren? Darf die kleine Minderheit der Kirchenmitglieder, die sich in den alten Glaubensformeln noch geborgen fühlen, in den Gemeinden den Ton angeben, nach dem alle zu tanzen haben?

Sicher: Je ausgeprägter die religiöse Individualität, je subjektiver der Glaube des einzelnen, um so schwieriger ist es für Theologen, die Identität der christlichen Botschaft zu bewahren und zu behaupten. Nur: Müssen die Kirchen denn immer auf dem letzten Jota »amtlicher Lehre« bestehen? Muß es stets der Katechismus sein? Können Bischöfe und Pfarrer nicht auch in ihren Verlautbarungen theologisch bescheidener sein? Müssen sie nicht den

»Armen im Geiste« die Hände entgegenstrecken, jenen, die nur Prisen des Heiligen Geistes oder sogar ganz fremdartige Seiten von diesem mitbekommen haben? Was ist heute wohl größer in *unserem* Land, die materielle Armut oder die geistliche?

Hans Küng hat recht, wenn er auf der »Christologie von unten« besteht. Wer Jesus wirklich war, wird man sehen, wenn man sich auf die Nachfolge einläßt. Ob man an der Formel vom »eingeborenen Sohn« Gottes festhalten muß, ist dann unter Umständen gar nicht entscheidend. Bei vielen der hier vorliegenden Glaubensbekenntnisse schimmert das durch.

Aus amtlicher Sicht wird hier manches sicher nur als »Teilidentifikation« gewertet. Und die wird weithin nicht zugelassen, gar zurückgewiesen und in der Praxis der Gemeinden konsequent verhindert. Statt daß man sich in der Lehre mutig darauf beschränkt, ein paar wenige biblisch verortete Wegmarkierungen zu setzen! Alles weitere könnte man ja auch einmal dem Heiligen Geist überlassen. Aber der hat in unseren Amtskirchen sozusagen keine gute Presse: zu wenig berechenbar, zu windig, zu feurig, zu gefährlich. Eben: »Die linke Hand Gottes« wie der »amtsenthobene« Priester und erfolgreiche theologische Schriftsteller Adolf Holl sein jüngstes Buch über Mystik betitelte.

Die Angst vor dem Wehen des Geistes spiegelt sich besonders in der Praxis wider. Gottesdienst-Liturgie, Verkündigung, Seelsorge oder die Lebensübergangs-Riten (Kasualien): Alles ist besetzt von »Ortho-Doxie«, von korrekter Lehre. Und nur wenige Geistliche unserer Kirchen können hier offene Formen zulassen oder gar pflegen. Die meisten übrigen weisen flugs auf die Arbeit der kirchlichen Akademien und Bildungswerke hin, in denen es jede Menge Offenheit und Dialog gäbe.

Das aber kann's wohl nicht sein. Zum einen werden diese Akademien im Zeichen geringerer Kirchensteuer-Einnahmen immer mehr behindert und in ihren Möglichkeiten heruntergefahren, wobei die Angst vor der dort zunehmenden geistlichen Freiheit ganz offenkundig ist. Zum anderen ist noch immer die kirchliche Praxis vor Ort die entscheidende, dort, wo die Menschen wohnen. Und hier hätte der Gottesdienst sicher die wichtigste Funktion. Aber wie langweilig, wie muffig und lebensfern geht es dort oft zu! Und wer geht überhaupt noch hin? Wie lange dauert es, bis wir im ganzen Land jene Zustände haben, die in Nordfriesland oder auch in Thüringen auf den

Dörfern oft vorkommen: Der Pfarrer schaut am Sonntagmorgen mal eben in seine Kirche, ob jemand da ist. Sind es nur zwei Besucher, wird ein Lied gesungen, ein Gebet gesprochen und der Segen erteilt. Das war's.

Ihr früherer evangelischer Kollege, verehrter Herr Bischof, der vormalige Landesbischof von Bayern, Hermann von Loewenich, hat bei nahezu jeder Pfarrkonferenz einen deutlichen Satz in den Raum gestellt: »Der herkömmliche Gottesdienst spricht Menschen an, die in der Kirche und in der Glaubenstradition zu Hause sind. Wir brauchen daneben aber auch andere Gottesdienstformen, solche für Suchende, Skeptiker und fernstehende Sympathisanten, für Menschen mit zweifelndem Glauben und Menschen mit weitem Glauben.« – Dem ist nichts hinzuzufügen – außer der Frage: Warum geschieht das eigentlich nicht?

Warum müssen in einer typischen deutschen Mittelstadt mit zehn, zwölf Gotteshäusern immer dieselben Gottesdienste, zu immer denselben frühen Vormittagszeiten mit (fast) immer demselben kleinen Publikum abgehalten werden? Bei vielen Messen in katholischen Gemeinden ist diese millieuhafte Eigenbrötelei nicht viel anders. »Die Nachtwächter und Spießbürger des Glaubens«, wie ZDF-Redakteur Michael Albus sie nennt, blieben nur zu gerne unter sich.

Ich bin sicher, verehrter Herr Bischof, wenn Sie und Ihre Amts-Kollegen es nicht schaffen, »teilidentifizierte Christen« voll anzuerkennen und in die kirchliche Arbeit zu integrieren, haben die Gemeinden keine großen Lebenschancen mehr.

Ich wünsche Ihnen in diesem Sinne eine weites Herz und einen hohen Mut, endlich einmal durchschlagende Reformen in die Wege zu leiten.

MIT FREUNDLICHEN GRÜSSEN

PETER ROSIEN

Autorenverzeichnis